AF614310

NOTICE BIOGRAPHIQUE

SUR

L'ACTEUR JEAN-PAUL

KAUFFMANN

Publiée à Toulouse par les Rédacteurs de l'ASPIC, en 1841.

Réimprimée à Paris, en 1879

PARIS

IMPRIMERIE ADMINISTRATIVE PAUL DUPONT

41, RUE JEAN-JACQUES ROUSSEAU, 41

—

1879

Aux Rédacteurs de L'ASPIC

A nos Amis

AVANT-PROPOS

En 1841, *lors de la mort de notre digne père, les Rédacteurs de* **l'Aspic** (Journal s'occupant exclusivement des nouvelles théâtrales) *firent paraître la biographie de l'acteur Jean-Paul Kauffmann. Trop jeunes alors pour pouvoir remercier les braves cœurs qui prirent cette initiative, nous retrouvions plus tard, alors que nous n'étions plus des enfants, cette brochure rappelant les qualités de l'homme de bien que nous perdîmes, hélas! beaucoup trop tôt et que nous avions à peine eu le temps de connaître.*

Aujourd'hui nous faisons réimprimer cette biographie, dont il ne nous était resté qu'un seul exemplaire, afin de continuer l'hommage rendu à la mémoire de notre père, qui a laissé de si précieux souvenirs dans le cœur et l'esprit de tous, pour l'offrir à ceux qui s'intéressent à nous, à nos amis.

Nous sommes d'autant plus heureux de faire réimprimer cette biographie, qu'elle nous offre l'occasion de venir, une fois de plus, remercier avec toute notre reconnaissance ceux qui contribuèrent d'une façon si sympathique et si désinterressé à nous remplacer, vu notre jeune âge, afin de faire vivre le souvenir de l'acteur bien-aimé Jean-Paul.

Merci aux Rédacteurs de **l'Aspic** !

Merci à tous ceux qui rendirent par leurs actes, leurs discours et leurs écrits, hommage à la mémoire de notre père si regretté!

Ils verront, par ces quelques lignes, que la veuve de l'excellent artiste et les trois enfants qui restent, n'ont pas perdu de vue les touchantes preuves d'amitié qui leur furent données par des hommes de cœur, qu'ils regrettent de ne pouvoir remercier verbalement, mais qu'ils n'oublieront jamais.

Vve JEAN-PAUL KAUFFMANN,
EMILE, HIPPOLYTE et ERNEST KAUFFMANN.

Paris, 1er Août 1879.

NOTICE BIOGRAPHIQUE

SUR L'ACTEUR

JEAN-PAUL KAUFFMANN

Publiée par les Rédacteurs du journal des théâtres L'ASPIC

(**Toulouse 1841**)

Le théâtre de Toulouse vient de faire une perte qui sera longtemps irréparable. Jean-Paul, notre premier comique de vaudeville, a succombé aux douleurs d'une phthisie pulmonaire, dont il était atteint depuis un an. La mort de cet artiste, qui jouissait à juste titre de l'estime et de l'affection du public, laisse un grand vide dans notre troupe. Nous sommes persuadés qu'on trouvera difficilement un sujet qui puisse remplacer l'acteur que nous regrettons.

Maintenant les vœux, les désirs, les larmes sont inutiles ; la mort ne rend jamais sa proie, et le pauvre Jean-Paul ne vivra plus parmi nous que par le souvenir.

Aussi avons-nous cru faire une bonne action et adoucir l'amertume des regrets de ses nombreux amis, en donnant une esquisse de sa biographie.

Les notes que nous avons pu recueillir, nous les devons aux confidences de quelques intimes, que nous n'avons osé trop interroger, dans la crainte d'augmenter leur affliction. Ces notes, nous les livrons au public telles qu'on nous les a transmises, sans autre but que celui d'être utiles à sa veuve inconsolable, à ses quatre enfants désormais orphelins.

On chercherait inutilement dans la vie d'un artiste dramatique les nombreuses péripéties qui agitent ordinairement les hommes qui vivent sans cesse en lutte avec les exigences du public. La vie de l'artiste se consume entière sur les planches de son théâtre, la scène est pour lui un champ de bataille où il combat chaque jour sous les yeux du parterre, qui, vrai despote, souvent capricieux, dispense les applaudissemens, les huées et les couronnes. Hors du théâtre, l'acteur redevient homme privé; ses occupations continuelles lui font presque un devoir de vivre isolé dans le sein de sa famille, qui résume pour lui le monde, la société, les plaisirs.

Jean-Paul doit être classé parmi ces acteurs de mérite qui savent se respecter, et ne sont comédiens que sur la scène. Sa carrière dramatique a été assez uniforme, quoique embellie par des couronnes, des ovations et des succès bien mérités.

L'acteur que nous avons accompagné, le 14 avril, à sa dernière demeure, était encore à la fleur de l'âge.

Né à Paris, en 1801, d'un père allemand d'origine, Jean-Paul Kauffmann exerça, pendant les premières années de sa vie, l'humble profession de passementier, héréditaire dans sa famille. Au commencement de son adolescence, il quitta la capitale pour chercher en province une plus grande extension de son industrie, et des moyens plus rapides pour parvenir à une honnête aisance. Il s'arrêta à Bordeaux, où il ne tarda pas à se faire, par son travail, une position assez heureuse.

Bientôt Jean-Paul Kauffmann se fit remarquer parmi les nombreux ouvriers de l'atelier, par sa gaieté, par sa facilité à apprendre les chansonnettes. Il fréquentait le théâtre avec une sorte de passion; le spectacle avait pour lui des attraits irrésistibles ; il cédait, sans s'en douter, à l'influence de sa vocation artistique ; il était né pour le théâtre, et nous le verrons bientôt applaudi, fêté par les Bordelais.

Quelques jeunes gens de Bordeaux, parmi lesquels se trouvait l'élite des ouvriers, jouaient alors la comédie bourgeoise dans une maison particulière. Jean-Paul Kauffmann se fit admettre au nombre des acteurs ; il obtint en peu de temps un succès inouï. Ses camarades, dans un premier mouvement d'enthousiasme, lui conseillèrent d'entrer au théâtre. Jean-Paul Kauffmann, qui depuis longtemps se sentait entraîné par une impulsion qu'il ne pouvait plus réprimer, céda, avec une sorte d'empressement, aux avis, aux sollicitations de ses amis; il demanda à jouer sur le Théâtre-Français, et reçut aussitôt l'autorisation du directeur. La première représentation fut annoncée; ses amis l'encouragèrent en lui promettant leur puissant concours; et Jean-Paul, surmontant alors sa timidité naturelle, consentit à jouer.

Il réussit complètement dans ce début, et son succès fut si réel, que le directeur s'empressa de l'engager ; Jean-Paul devint le soir même un de ses pensionnaires ; il s'était levé passementier, il se coucha comédien.

Ce premier triomphe l'enhardit, raffermit son courage ; il travailla sans relâche, et devint, après quelques mois d'exercice, le comique chéri des Bordelais.

Jean-Paul, pendant qu'il exerçait la modeste profession de passementier, voyait souvent une jeune marchande de modes. Ses relations avec Jeanne Guérin devinrent de jour en jour plus intimes, et aussitôt que son admission au théâtre lui garantit des ressources suffisantes pour les besoins d'un ménage, Jean-Paul épousa la jolie modiste qu'il aimait depuis un an.

Cette union fut des plus heureuses. Applaudi sur le théâtre, Jean-Paul trouvait en rentrant chez lui le bonheur et les plaisirs de la famille. Déjà père d'un garçon, il espérait continuer sa carrière à Bordeaux, où cinq années d'applaudissements lui garantissaient de nouveaux succès, lorsque des changements survenus au théâtre le forcèrent à contracter un engagement pour Toulouse.

Jean-Paul parut pour la première fois sur le Théâtre du Capitole en 1831 ; M. Duval était alors directeur ; il sut apprécier le mérite de son nouveau pensionnaire, qui créa plusieurs rôles où il déploya sa verve comique et sa *niaiserie* si naturelle. Qui de nous ne se souvient du *Chevreuil,* d'*une Passion,* de *Prosper et Vincent*, de la chansonnette *les Cornichons*, et de plusieurs autres vaudevilles déjà vieux dans les annales du répertoire?

La réputation de Jean-Paul sera longtemps populaire à Toulouse. Cet acteur excellait surtout dans les rôles d'ouvrier; il parlait au peuple, il se faisait comprendre de lui, il traduisait fidèlement ses mœurs et ses impressions. Aussi chaque dimanche la salle du Théâtre des Variétés était-elle trop étroite pour contenir les nombreux spectateurs qui venaient des faubourgs pour entendre leur acteur de prédilection. Nous avons assisté souvent à ces solennités théâtrales, nous avons été témoins des succès de Jean-Paul, nous avons entendu les bravos, nous avons vu les couronnes tomber à ses pieds.

Jean-Paul aimait par-dessus tout le séjour de Toulouse, qui était en quelque sorte sa seconde patrie; il croyait ne jamais quitter son parterre chéri, lorsque des mutations, survenues dans le personnel de la troupe pendant la dernière année de la direction Duval et Lafeuillade, le mirent dans la nécessité de chercher un engagement ailleurs. Il choisit Bordeaux, où il avait débuté si heureusement. Il partit plein de confiance en son talent, et sûr d'ailleurs des suffrages des Bordelais qui l'avaient applaudi tant de fois.

Mais à peine arrivé, un cruel désenchantement détruisit toutes ses espérances. Il était parti de Toulouse avec un engagement de premier comique dans le vaudeville; il trouva l'emploi occupé par un autre acteur, et le directeur des deux théâtres lui offrit en dédommagement le rôle de trial. Jean-Paul hésita plusieurs jours avant d'accepter; il se méfiait de sa voix, et il ne consentit à signer un engagement qu'après avoir longtemps réfléchi aux devoirs que lui imposaient les besoins de sa famille. Il parut donc sur le Grand-Théâtre de Bordeaux, et ses trois épreuves ne furent pas heureuses.

Il se trouvait sans emploi, pensant toujours à Toulouse, où il espérait revenir, lorsque M. Berdoulat, son ami, lui écrivit s'il consentirait à quitter Bordeaux, et à reparaître sur le théâtre de ses succès. La réponse fut affirmative. M. Berdoulat mit dès lors tout en œuvre pour obtenir le rappel de Jean-Paul. Il recueillit 9,500 signatures, qu'il présenta à M. Soumet, successeur de MM. Duval et Lafeuillade. Une manifestation si unanime, si spontanée, ne pouvait manquer de produire l'effet qu'on en avait attendu. M. Soumet promit de réengager Jean-Paul, qui revint aussitôt à Toulouse.

En attendant la fin de l'année théâtrale, Jean-Paul, pour subvenir aux besoins de sa famille, alla en représentation. Il joua dans les villes voisines. A Castres, à Albi, à Montauban, il obtint un succès d'enthousiasme, et ses représentations furent presque autant de fêtes.

Réintégré enfin sur son théâtre chéri, rendu à la sympathie des Toulousains, à l'enthousiasme de l'intelligente population de nos faubourgs, Jean-Paul fit une rentrée triomphale; des applaudissements unanimes lui prouvèrent qu'une année d'absence n'avait diminué en rien l'estime et l'affection de ses amis, de ses nombreux partisans.

A dater de cette époque, Jean-Paul continua, comme par le passé, à se rendre de plus en plus digne des applaudissements du parterre. Il créa de nouveaux rôles, et on remarqua que son talent se perfectionnait de jour en jour. Dans *Bruno le Fileur*, dans *la Maîtresse de Langues*, dans *les Enfants de Troupe*, il fit preuve à la fois de verve et d'intelligence. Il étudiait consciencieusement tous ses rôles, et les moindres nuances échappaient rarement à sa perspicacité, à ses études, toujours dirigées par un sens droit et une parfaite connaissance de la scène. Jean-Paul se multipliait pour ainsi dire dans les divers rôles qu'on lui confiait. Il jouait tour à tour les Odry, les Vernet, les Arnal et les Bouffé. Nous ne dirons pas qu'il excellait également dans ces divers rôles, mais nous pouvons affirmer que nous ne l'avons jamais trouvé au dessous des acteurs de Paris qui ont joué sur notre théâtre. Quel naturel il déployait dans le rôle de *Couturier!* on ne voyait plus l'acteur, mais l'ouvrier laborieux, l'ouvrier aimant à se mettre en goguette avec le modeste salaire de son travail. Quelle gaîté! quelle facétie! lorsqu'il dansait la *cachucha française* dans *la Maîtresse de Langues;* et *Trimm!* dans *les Enfans de Troupe...* *Trimm!* la dernière création du pauvre Jean-Paul..

Ceux qui fréquentent le théâtre se souviennent encore combien il fut applaudi à la première représentation. Rappelé à la fin de la pièce, applaudi avec frénésie, Jean-Paul reçut, comme Bouffé à Paris, une honorable ovation.

Hélas! ce triomphe a été le dernier! la création du rôle de *Trimm* a clôturé la carrière dramatique de Jean-Paul. Atteint depuis longtemps d'une phthisie pulmonaire dont il se dissimulait les rapides progrès, Jean-Paul a d'abord lutté avec courage et énergie contre le mal, le souvenir de sa famille doublait ses forces qui ont fini par s'épuiser, et une longue maladie a compromis dangereusement les jours de notre comique. Cependant les symptômes funestes se dissipèrent, et après une longue convalescence Jean-Paul reparut sur le *Théâtre des Variétés*. Il joua *le Gamin de Paris*, et cette fois les applaudissements, les sympathies du public ne lui firent pas défaut. Il donna plusieurs représentations, et tout nous laissait espérer que son rétablissement ne serait point suivi d'une cruelle rechute. Mais nous ignorions que le digne acteur sacrifiait à sa famille la vigueur, l'énergie factice qu'il puisait dans sa force d'âme; le glaive usait rapidement le fourreau, et au moment où nous nous y attendions le moins, une seconde maladie, plus terrible que la première, est venue nous ravir Jean-Paul.

Cette fois, les symptômes ont été effrayants dès le commencement, et les médecins ont déclaré qu'il n'y avait point de remède. Les courts intervalles d'un rétablissement factice n'ont servi qu'à prolonger l'illusion de sa famille. Cette dernière lueur d'espérance n'a pas tardé à s'éteindre, et le pauvre Jean-Paul s'est couché pour toujours sur son lit de mort.

Son genre de maladie, qui laisse à ceux qui en sont

atteints toute leur lucidité, lors même qu'elle achève de ruiner les forces vitales, lui permit d'entrevoir sa fin très prochaine Cette effrayante conviction n'abattit pas son courage. Bien différent de quelques soi-disant esprits forts, il a demandé à la religion catholique les consolations qu'elle prodigue à l'homme à son heure dernière.

M. Berdoulat, vicaire de Saint-Sernin, a été appelé près du mourant. A leur première entrevue, le prêtre et le comédien se sont compris : le prêtre a vu dans le comédien un homme de bien qui désirait ardemment obtenir le pardon de ses égarements de jeunesse; le comédien a vu dans le confesseur un consolateur, un frère qui venait lui prêter secours pour franchir le terrible passage de cette vie à l'éternité. Jean-Paul a reçu tous les sacrements, et à son dernier soupir une seule pensée l'affligeait : il pensait à ses quatre enfants qu'il laissait orphelins : — Mon Dieu! s'écriait-il, protégez mes pauvres enfants ! — Il est mort en prononçant ces paroles; et tous ceux qui se trouvaient près de son lit de mort n'ont pu retenir leurs larmes.

La religion catholique devait les honneurs de ses cérémonies funèbres au pauvre Jean-Paul, mort entre les bras d'un de ses ministres. Aussi le digne prêtre qui l'avait administré s'est-il empressé de l'accompagner dans sa dernière demeure.

Mercredi matin, une foule immense se pressait sur l'allée Lafayette, devant la maison du défunt; plus de dix mille personnes ont voulu faire partie du cortège. Tous les acteurs, les professeurs et les étudiants de toutes les facultés, des délégations de l'École Vétérinaire, de l'École d'Artillerie, de nombreux officiers de la garnison, des commerçants et des industriels, toute la population ouvrière de Saint-Michel et de Saint-Cyprien, les membres des loges maçonniques et les amis particuliers de Jean-Paul, ont assisté au service funèbre dans l'église Saint-Sernin, beaucoup trop petite pour recevoir tout le monde.

Arrivé au cimetière, au bord de la tombe qui allait engloutir sa proie, M. l'abbé Berdoulat, se voyant environné de plusieurs personnes attachées au théâtre, a saisi cette occasion pour leur dire que l'Église leur tend les bras comme à ses autres enfants; que l'arrêt d'excommunication qui a longtemps pesé sur les comédiens sera levé dès qu'ils reviendront sincèrement à la religion catholique.

Messieurs,

Excusez si je viens, par quelques paroles, interrompre le silence qui semblerait seul convenir après cette lugubre cérémonie ; mais quelque chose me presse de parler : c'est mon cœur ; il ne peut contenir la vive émotion qu'il éprouve, il faut qu'il la répande devant vous. Cet ami qui vous est mort et que vous pleurez, fut aussi mon ami. Sans me connaître, il me fit appeler auprès de son lit de douleur ; j'accourus à son premier cri, je le considérai un moment, et, à travers son regard, je crus apercevoir une belle âme ; il me considéra à son tour, et il s'écria : *Monsieur, nous nous sommes devinés !* (historique). Dès lors, nos deux cœurs furent unis; il épancha toute son âme dans la mienne ; il déclarait qu'il était heureux de me voir, et, pour moi, je le déclare, je ne languissais jamais tandis que j'étais assis au chevet de sa couche. Il s'étonnait de voir, en si peu d'instans, se former des liens aussi étroits. Je n'aurais jamais cru, disait-il, *qu'un homme de votre caractère pût jamais sympathiser avec un homme de ma condition.*

Mes frères, il était dans une grave erreur. La religion sympathise avec tous ceux qui la réclament ; à quelque heure que vous invoquiez son secours, elle vous députera un de ses ministres, et, au jour de la douleur et de l'adversité, il sera, nous serons vos amis, tandis que vous vous verrez abandonnés de tous ceux qui se qualifiaient de ce titre aux jours du succès et de la fortune. . .

. . . .

M. Jean-Paul avait une grande vénération pour elle (la religion). Son âme était naturellement pieuse ; aussi il déclarait n'estimer, dans sa vie, que les premières années de l'enfance passées dans le sanctuaire, alors que, vêtu de la robe de lin, il s'employait au service des saints autels, et ne faisait servir sa voix naïve qu'à chanter les louanges du Seigneur dans son temple ; et puis, les derniers jours qu'il a passés sur la terre, il vit approcher sa fin avec courage ; la piété le soutenait. Je ne saurais vous dire, Messieurs, combien elle était vive, alors surtout qu'il lui fut donné de recevoir son créateur, Jésus-Christ ; Messieurs ! qu'à ce nom sacré toutes les têtes s'inclinent ! oui, Jésus-Christ l'a visité dans sa demeure ; il est entré dans son cœur ! Dès lors, ses yeux furent sans cesse tournés vers le ciel, et moi je versais des larmes de douleur et de consolation, et je bénissais le Seigneur en le voyant reprendre son empire dans une âme qu'il avait autrefois comblée de toutes ses bénédictions.

Et voilà pourquoi la religion a voulu présider à ses funérailles, lui rendre les derniers honneurs et confier à la terre sa dépouille mortelle ! Et voilà pourquoi je suis venu moi-même répandre sur sa tombe des prières avec des pleurs !

Messieurs, que cette touchante cérémonie nous instruise ! Permettez à un jeune prêtre, permettez à un jeune homme, de vous faire une grave leçon. Je suis sur une terre sainte ; mon caractère me force, dans cette circonstance, de faire tomber sur vos cœurs des paroles saintes que vos oreilles ne sont pas accoutumées à entendre, car il y a peu d'élus parmi vous.

Voyez-vous cette fosse ouverte à mes pieds ? Voilà où vient s'engloutir toute la gloire de ce monde ; jetez-y le fruit de vos triomphes, ces couronnes acquises à la sueur de votre front, elles seront bientôt fanées ; il n'est ici aucun écho pour répéter le bruit de vos applaudissemens. Et l'homme est assez insensé que de passer toute sa vie à rechercher honneurs, richesses et plaisirs ! et il néglige le soin de son âme, qui est sortie de Dieu et qui doit revenir à Dieu ! Il s'efforce d'être honoré, et il ne fait rien pour se mettre à couvert de la honte accablante qui couvrira le coupable au terrible tribunal devant lequel nous avons tous à comparaître ! . . . .

. . . .

Messieurs, je conclus par cette parole, que je vous prie de bien retenir : Respectez la religion ; gardez-vous bien de rien dire, de rien faire qui puisse l'exposer aux blasphèmes et au mépris des peuples. La religion ! elle seule peut faire notre bonheur en ce monde; elle seule nous garantit contre une malheureuse éternité !!

Les graves paroles du vicaire de Saint-Sernin ont été écoutées avec un pieux recueillement; elles ont même produit une profonde sensation. Ce jeune prêtre a prêté à la religion dont il est l'organe, des paroles de paix, d'amour et de consolation; c'est le véritable moyen de ramener au giron de l'Église ceux de ses enfants qui s'en sont éloignés momentanément.

M. Rey, au nom de la loge maçonnique, qui depuis plusieurs années comptait Jean-Paul au nombre de ses membres (*), a aussi prononcé une petite oraison funèbre que nous croyons devoir rapporter en entier.

« O fragilité des choses humaines ! tout s'anéantit, tout succombe sous la puissance immuable de l'Éternel ! Tout ce que l'homme possède ici-bas, bonheur, fortune, talents, tout cela

---

(*) Le lendemain, dès neuf heures du matin, le public fut admis dans la loge maçonnique; on avait élevé au centre un magnifique catafalque sur lequel les insignes de Rose-Croix étaient placés. Aux quatre angles, les quatre orphelins de Jean-Paul se tenaient debout. Le fond de la loge, tendue de draperies noires semées d'étoiles d'argent, laissait voir dans le fond une éclipse merveilleusement combinée, se renouvelant toutes les demi-heures. Pendant que l'orchestre du Grand-Théâtre exécutait, sous la conduite de son habile chef, des symphonies funèbres, la population, où toutes les classes étaient représentées, défilait sans cesse jusqu'à la nuit. Cette foule, vivement impressionnée, se retirait silencieuse, émue jusqu'aux larmes, emportant de cette touchante cérémonie un souvenir impérissable. La loge maçonnique n'avait jamais été ouverte au public.

ne fait que passer dans le monde et disparaître ensuite comme une ombre !

« La mort nous a ravi, dans ce jour funeste, un de nos plus tendres frères, et c'est dans ce lieu triste et lugubre que nous venons déposer celui qui, naguère encore, était l'objet de notre vive affection. Le voilà, reposant dans cette tombe qui doit l'ensevelir à jamais, celui qui, par ses talents et son caractère plein de franchise, était devenu l'enfant chéri de tous ! Que nous reste-t-il maintenant de lui ? Rien..... ou plutôt un peu de poussière et le souvenir de sa vie passée.

« Mais, ô notre digne ami ! notre frère ! si ta dépouille mortelle revient dans le sein de la terre, éternelle demeure des hommes, nous conserverons toujours ces précieux souvenirs de tes nobles vertus ; car nous te rendons ce solennel hommage, tu les possédais toutes : Bon époux, tendre père, ami sincère et dévoué, citoyen désinteressé, bon *maçon* (personne mieux que toi n'avait compris la sublimité de notre institution, aucun autre plus que toi n'était attaché de cœur à tous ses frères !)

« Quelle patience et quelle fermeté d'âme n'as-tu pas toujours montrées dans ta longue et douloureuse agonie ! quelle résignation à ton heure dernière ! Tu as vu paraître la mort et tu n'as pas frémi ; le repos de ta conscience pure te l'a fait envisager sans crainte et sans effroi ! La seule pensée amère, sans doute, qui a pu t'affliger, c'est de te séparer d'une vieille mère, d'une épouse chérie et de tes intéressants enfants, dont tu étais le seul appui, le seul soutien ! Mais que ton ombre n'éprouve aucune inquiétude ! console-toi, digne et vertueux père, tes nombreux amis, les compagnons de tes travaux, tes frères, se feront un devoir de veiller sur eux, de leur prodiguer les secours et les consolations qu'ils méritent si bien ; enfin, de leur servir de père.

« Pour nous, mes frères, puisons dans ce triste et déplorable événement une salutaire leçon ; imitons les exemples qui nous ont été donnés par notre ami ; suivons constamment ce noble précepte qu'il observait si religieusement : *Faisons le bien, évitons le mal ;* et avec lui nous nous reverrons un jour au sein du G.·. A.·. de l'univers.

« Et toi, repose en paix ; entends tes frères, la douleur dans le cœur et les larmes dans les yeux, te dire, pour la dernière fois : Adieu, digne frère, adieu ! »

M. Tiste, qui avait accepté la pénible mission de représenter nos artistes dramatiques, voulait aussi prononcer quelques paroles avant que la tombe se fermât sur les restes inanimés de son camarade, de son ami. Le mauvais temps, la foule qui obstruait le passage, l'en ont empêché. Nous nous faisons un devoir de livrer à la publicité les adieux de M. Tiste.

Messieurs,

La cérémonie qui nous réunit dans cette triste enceinte doit faire naître en nous de grandes et sérieuses réflexions. La mort !!.... ce mot, qui fait frémir le coupable, peut être une idée consolante pour l'homme juste, tel que l'était notre bon camarade Jean-Paul. Si les biens de ce monde ont été son partage, c'est le moment solennel d'en faire éclater sa reconnaissance à l'Auteur de la nature ! Le malheur l'a-t-il sans cesse poursuivi ? l'espérance d'en trouver le terme, et de se reposer dans le sein d'un Dieu juste et rémunérateur, la lui fera considérer comme une récompense des maux qu'il a soufferts ici-bas. L'homme de bien ne peut redouter la mort sans calomnier la divinité : qui s'endort dans les bras d'un père ne doit pas craindre le réveil !

Nous pleurons sur le sort de notre camarade, que l'impitoyable mort vient de nous enlever ! Peut-être, dans une région plus heureuse, il gémit sur nos misères !

Enfin, Messieurs, qui sait si l'homme ici-bas n'est point un esclave que la mort rend à la liberté ? qui sait si vivre n'est pas mourir, et si mourir n'est pas vivre ? Dans cette hypothèse hasardée, mais possible, je crois entendre notre bon camarade Jean-Paul nous crier : Mes amis, ne pleurez pas sur moi, je suis arrivé au terme du voyage pour lequel vous êtes tous en route ; mais je vous recommande ma veuve infortunée et mes quatre pauvres orphelins. Si j'ai laissé quelques souvenirs parmi vous, si vous voulez dignement honorer ma mémoire, tendez-leur une main secourable, et ma félicité ne sera point troublée.

Adieu, Jean-Paul, adieu, bon et brave camarade, dors en paix du sommeil du juste, tes vœux seront accomplis !

Quant à nous, qui tant de fois avons signalé dans nos colonnes les succès, les ovations de Jean-Paul, il nous restait un devoir à remplir. Nous n'avons pas voulu laisser ignorées et inaperçues les circonstances de la vie d'un homme qui, pendant plusieurs années, a travaillé pour nos plaisirs.

Nous avons écrit cette notice biographique rapidement, sous l'inspiration de la douleur que nous éprouvons. Puisse sa veuve y trouver un moyen de consolation! Puissent ses enfans, s'ils lisent plus tard ces quelques lignes, marcher sur les traces de leur père!

Et toi, Jean-Paul! reçois ce dernier adieu, qui, nous l'espérons, trouvera de nombreux échos dans les cœurs de tes amis. Adieu, Jean-Paul-*Couturier !* adieu, *Pécherel l'Empailleur !* adieu *Trimm !* Le Théâtre des Variétés sera longtemps dans le deuil, et la place que tu occupais restera vide peut-être pendant plusieurs années!

LES RÉDACTEURS DE L'ASPIC.

Extraits de journaux de Toulouse et de Paris.

MORT DE JEAN-PAUL

Bientôt commencera, pour les acteurs des grands et petits théâtres de Paris, la saison d'une émigration presque générale. Ils viendront demander à la province des applaudissemens et des soirées très lucratives. MM. Joseph et André ont devancé leurs collègues ; ils ont déjà paru une fois sur notre Grand-Théâtre, et obtenu un succès mérité par l'originalité et le naturel de leur jeu. *Le Colleur, la Chanson normande, Tire la Ficelle, ma femme*, ont excité l'hilarité du parterre. M. André a été applaudi dans *Bruno le Fileur*. Hâtons-nous de dire pourtant qu'il n'a pas surpassé notre *Couturier*, le pauvre Jean-Paul.

Ce nom, qui tant de fois sur l'affiche nous a promis des soirées délirantes de gaieté, est rayé désormais de la liste des vivants. Jean-Paul a succombé à une longue et douloureuse maladie le 13 avril, à deux heures du matin, après avoir reçu les secours de la religion. Ses obsèques auront lieu aujourd'hui à 9 heures, et nous ne doutons pas que ses nombreux amis ne se fassent un devoir de l'accompagner à sa dernière demeure. Jean-Paul laisse une veuve inconsolable et chargée d'une nombreuse famille. Espérons que le directeur de nos deux théâtres lui viendra en aide, de concert avec le public.

Jean-Paul occupait depuis plusieurs années l'emploi de comique dans le vaudeville sur les deux théâtres de Toulouse. Il laisse parmi nous une réputation populaire. Jean-Paul parlait à l'ouvrier ; il excellait surtout à se faire comprendre du peuple, si intelligent sous notre ciel méridional. Les rôles de Vernet, de Bouffé, d'Arnal le d'Odry, étaient rendus par lui avec une supériorité remarquable. *Le Gamin de Paris, Pécherel l'Empailleur, le Chevreuil, Trimm* dans *les Enfans de Troupe, Couturier* dans *Bruno le Fileur,* sont autant de créations qui nous font regarder sa perte comme irréparable.

Jean-Paul jouait aussi, au besoin, dans l'opéra comique. Actif, dévoué aux intérêts de la direction, il travaillait sans relâche ; artiste consciencieux, il étudiait tous ses rôles avec une scrupuleuse attention. M. Guérin vient de perdre le plus zélé et le plus dévoué de ses pensionnaires.

Retiré du théâtre depuis plusieurs mois, pour effectuer une convalescence dont nous étions loin de prévoir la funeste issue, Jean-Paul nous laissait entrevoir un prompt rétablissement, lorsqu'il a succombé à la violence de sa maladie.

On a déjà lu dans tous les journaux de Toulouse la lettre qu'il écrivit pour répondre à certaines allégations de M. Guérin (1) ; on sait aussi combien dure fut la réponse du directeur. Maintenant que la mort a anéanti toutes les susceptibilités personnelles, nous conseillons à la direction de faire pour la famille ce qu'elle a refusé

---

(1) Monsieur le Rédacteur,

Je vous prie d'insérer dans le plus prochain numéro de votre estimable journal ces quelques lignes.

On a annoncé dans la *France Méridionale* du 17 courant que je touchais la moitié de mes appointements. C'est une erreur que je vous prie de rectifier ; car depuis le *premier février* j'ai cessé d'être payé par l'administration des théâtres.

Veuillez agréer, etc.

JEAN-PAUL, *Artiste.*

Toulouse, 20 Mars 1841.

à l'acteur. Les principaux organes de la presse demanderont une représentation à bénéfice. Tel est le vœu du public, et M. Guérin serait bien cruel s'il ne donnait cette marque de reconnaissance aux mânes de Jean-Paul.

Pauvre Trimm ! pauvre Gamin de Paris ! pauvre Couturier ! avec toi ont fui pour longtemps les éclats de rire, les larmes, les chansonnettes ! Le Théâtre des Variétés a perdu l'acteur qui lui donnait la vie, l'affluence, la gaieté, la prospérité et le mouvement. Que la terre te soit légère ! Pendant plusieurs années tu nous as fait rire, et aujourd'hui ta mort nous cause de sincères regrets, nous arrache des pleurs !

Jean-Paul laisse une vielle mère à laquelle il faisait une pension, une veuve et quatre jeunes enfants sans fortune et sans appui. Une représentation à leur bénéfice sera donnée mercredi au Capitole : elle offrira aux nombreux admirateurs de son talent l'occasion de donner à sa mémoire un témoignage d'estime et de regrets. Tout s'apprête pour que cette solennité soit digne de l'artiste que nous regrettons et des nombreux spectateurs qui ne peuvent manquer d'y assister.

Pauvre Jean-Paul ! ton plus grand désir a toujours été de mourir à Toulouse ; devait-il être aussitôt exaucé ?....

Nous avons vu passer tout-à-coup, dans notre souvenir, toute cette pléïade d'acteurs inimitables, et que la mort est venue moissonner en partie les uns après les autres ; cet impayable Jean-Paul, ce bon Milan, ce pauvre Breton, tous acteurs d'élite dont le patrimoine n'a pu encore trouver d'héritiers.

(Journal *L'Agent dramatique*.)

NÉCROLOGIE

JEAN-PAUL KAUFFMANN

Vaincu par une longue et pénible maladie, Jean-Paul, qui depuis 1830 était une des gloires de la scène de Toulouse, a succombé dans la nuit du 13 au 14 de ce mois.

Il y a six mois, au moment où le talent distingué de cet estimable artiste venait d'acquérir son plus grand développement, à la force de l'âge et à la veille de recueillir les fruits de pénibles et consciencieuses études, Jean-Paul fut forcé de quitter la scène et de demander à la science et aux soins empressés de la famille, le rétablissement d'une santé, que les veilles et les travaux assidus auxquels il s'était livré pour le perfectionnement de son art, avaient depuis longtemps altérée.

Dans le courant de décembre dernier, son courage l'engagea à reprendre son service. Ses forces le trahirent bientôt, hélas ! et dans les premiers jours de janvier une rechute, redoutée par tout ce qui aimait cet homme de cœur, l'obligea de renoncer à ses travaux et à son état.

La maladie terrible à laquelle Jean-Paul n'a pu résister fit depuis lors de profonds et rapides progrès ; elle l'a enlevé, au public qui l'aimait, à ses amis qui chérissaient les éminentes qualités de son esprit et de son cœur, et à sa famille qui adorait en lui le fils, l'époux et le père compatissant, généreux et sensible, après des souffrances aiguës et une résignation exemplaire.

Après avoir vécu en honnête homme, Jean-Paul est mort en chrétien.

Il a été accompagné à sa dernière demeure par tous ses camarades et par une foule nombreuse, dans laquelle tous les rangs de la société avaient leurs représentants. Cet hommage public rendu aux restes de l'artiste de talent et de l'homme vertueux, devrait sécher des larmes amères si le cœur d'une mère et le cœur d'une épouse pouvaient se consoler d'une perte aussi grande.

Après avoir prononcé sur le corps de Jean-Paul les prières de l'Église, le jeune vicaire de Saint-Sernin qui l'avait accompagné, a adressé aux nombreux assistants qui l'entouraient et principalement aux artistes dramatiques, une exhortation chaleureuse dans laquelle ce jeune prêtre a vivement exprimé la grande joie que ressentait la religion en voyant mourir dans son sein un homme intelligent qu'un fanatisme cruel en aurait jadis repoussé.

Il n'y a eu qu'une voix pour applaudir à ces tolérantes paroles.

L'orateur d'une loge maçonnique a aussi dit quelques mots pour déplorer le vide que la perte de Jean-Paul laisse parmi ses amis et dans sa famille.

Toulouse se rappellera longtemps l'artiste dont sa scène est aujourd'hui veuve. Les acteurs qui viendront s'essayer à sa place auront à lutter contre le souvenir que Jean-Paul a laissé dans toutes les mémoires : *Pécherel*, le *Chevreuil*, le *Gamin de Paris*, les *Enfants de Troupe* étaient tour à tour pour ce comédien original des occasions de triomphe et d'ovation populaire. Si son talent était élevé, son cœur n'en était pas moins bon ; car il n'avait dans la ville que des admirateurs et dans ses camarades que des amis.

A JEAN-PAUL

De ta courte et belle existence,
La maladie et la souffrance
Ont dispersé tous les débris ;
Tu viens de finir ta carrière
Comme un ami, comme un bon père
Que pleurent ses enfants et ses nombreux amis.

Jean-Paul, adieu pour ta famille !
Plus d'étoile heureuse ne brille
Sur ta veuve et sur tes enfants !
Ceux dont tu faisais le seul rêve,
Aujourd'hui que la mort t'enlève,
N'ont plus de toi que souvenirs cuisants.

Adieu pour tes amis sincères,
Qui dans des moments plus prospères,
T'applaudissaient avec amour !
Dans leur cœur tu vivais en frère ;
Le vide que la mort dans ces cœurs vient de faire,
Y subsistera sans retour !

Adieu pour nous et pour Toulouse
Qui de te conserver jalouse
T'avait dès long-temps adopté !
Enfant chéri ! tu meurs pour elle
Eh bien, réjouis-toi ! Toulouse est immortelle :
Sa mémoire te garde une célébrité !

G... V.

LA TOMBE DE JEAN-PAUL

Mes pas ont retenti dans la pâle demeure
Où le sombre cortège a posé le cercueil.....
Quand l'artiste n'est plus, sur sa tombe qui pleure
Je vais m'asseoir avec orgueil !

La mort rampe à mes pieds, humble de sa victoire ;
De l'homme de génie elle peut assombrir
Ce qu'il avait reçu de mortel, mais la gloire
Sous ses ailes ne peut mourir.

Dévore, affreuse mort, ses dépouilles mortelles ;
Sa gloire te défie, et son nom radieux
Du sein de ton empire, en vives étincelles,
S'élance et monte jusqu'aux cieux.

Toulouse, tu comprends la grandeur de l'artiste ;
A tes banquets sacrés tu le pares de fleurs,
Et, lorsque au champ du deuil son front s'incline, triste,
Tu vas sur lui verser des pleurs.

Celui qui dans ce jour est l'objet de nos larmes
Mérite les honneurs que tu lui rends ; tu sais
Combien pour nous toujours son art avait de charmes :
Jean-Paul, tu nous électrisais.

Il est là maintenant... son ombre nous anime.....
J'éprouve dans mon cœur des transports inconnus ;
Le talent se révèle encore plus sublime,
Quand l'artiste n'existe plus.

G... V.

Nous n'avons que le temps de féliciter la population de Toulouse sur la noble démonstration que lui a inspirée la perte de Jean-Paul. Jamais la salle du Capitole n'avait vu une telle affluence; la recette, les bassins et la souscription que les artistes ont ouverte entre eux élève la somme que le théâtre procure à la famille de l'estimable artiste que nous regrettons, à plus de 3,000 fr. La variété et l'exécution du spectacle n'ont rien laissé à désirer.

Le Monde dramatique. — *Histoire des théâtres anciens, revue des spectacles modernes.*

(Troisième année, volume 5.)

7 octobre 1837. *Page 248.*

On regrettait à Toulouse vivement le départ de M. Jean-Paul que Bordeaux la jalouse avait failli enlever à la cité d'Isaure. M. Jean-Paul n'a pu résister à des regrets aussi honorables. Il est revenu, et inutile d'ajouter que cet enfant prodigue d'esprit et de gaieté a été reçu avec le plus vif enthousiasme; on lui a immolé le veau gras.

Page 301 du **Monde dramatique**

(*Troisième année, volume 5.*)

Luxeuil pourra peut-être remplacer Jean-Paul, dont le talent est exclusivement réservé au Grand-Théâtre.

(Année 1840.)

Page 398. — Toulouse s'est considérablement divertie, nous écrit-on, des charges spirituelles de la *Maîtresse de Langues*, joyeux vaudeville. MM. Jean-Paul et Milan ont prêté le succès de leur verve et de leur talent, etc. etc., de manière à provoquer de frénétiques applaudissements.

Vol. 6, page 56. — Plusieurs vaudevilles ont fait applaudir M. Jean-Paul aux Variétés.

Afin de ne pas intervertir notre chronique, transportons-nous aux Variétés, et assistons, samedi, à la rentrée de Jean-Paul. Un public d'élite, juste appréciateur du talent de notre très excellent comique, a fait éclater, en le voyant, une frénésie de bravos et d'applaudissements qui ont dû prouver à l'artiste tout le prix que Toulouse attache à son rétablissement. Jean-Paul, encore faible et souffrant, a joué le *Gamin de Paris*, avec cette verve, cette bonhomie, cette naïveté, cette franchise et ce comique de bon aloi qui sont les marques distinctives de son talent.

Au théâtre des Variétés, nous trouvons dans *Pierre-le-Rouge* dans le *Royaume des Femmes* une récréation que le talent de M. Jenin et le naturel désopilant de M. Jean-Paul, rendent toujours attrayante.

Extrait du Journal *L'Aigle* (1866).

Mlle Reillez, répétons-nous en fermant la parenthèse, nous est apparue sous les traits du *Gamin de Paris*, un des plus vieux rôles du répertoire. Nos pères se rappellent sans doute le nom de l'artiste qui créa à

Toulouse le rôle de *Joseph Meunier*. M. Jean-Paul, dont le souvenir est cher à tous les fervents de l'art dramatique, y obtint, il y a vingt ans environ, un succès qui eut un grand retentissement.

Un de nos voisins nous racontait, le jour de la reprise de cette œuvre étrange, un épisode qui nous émut. Jean-Paul était convalescent d'une longue maladie. Il avait quitté sa chambre depuis deux ou trois jours à peine, lorsque le parterre, impatient de revoir sur la scène son excellent comique, le réclama à grands cris pendant une représentation du *Gamin de Paris*. Le régisseur, se rendant aux vœux du public, vint annoncer que Jean-Paul, malgré sa faiblesse encore très grande, *rentrerait* le lendemain dans le rôle de *Joseph Meunier*. En effet, on le revit une fois encore dans cette brillante personnification de l'enfant devenu homme pour venger l'honneur de sa sœur. Mais la chaleur et l'âme qu'il y déploya furent fatales à l'artiste. Le lendemain, il quittait la scène pour ne plus reparaître : quelques jours après, cet excellent et consciencieux comédien mourait à l'âge de trente-neuf ans, victime de son art, comme Molière, et laissant, pour conserver le souvenir de son nom aimé, un fils devenu lui-même un des meilleurs comiques des Bouffes-Parisiens.

E. Vigé.

Paris, imprimerie PAUL DUPONT, 41, rue Jean-Jacques Rousseau. — 2186.7.9.

21 Mulheres Excepcionais

A vida de Lutadores pela Liberdade e Rompedoras de Barreiras: Angela Davis, Marie Curie, Jane Goodall e outras (Livro Biográfico para jovens e adultos)

Por Student Press Books

Tabela de Conteúdos

Introdução

Conheça as mulheres extraordinárias da história e dos tempos modernos - biografias voltadas para as idades de 12 anos ou mais.

Bem-vindo à série Empoderamento Feminino que nesta obra apresenta a você os modelos femininos destemidos da história e dos tempos modernos. Este livro, 21 Mulheres Excepcionais, apresenta biografias inspiradoras de mulheres inovadoras de todo o mundo.

De Marie Curie a Malala Yousafzai, este livro está cheio de histórias das mulheres mais influentes e inspiradoras do mundo - cada uma com sua própria história. Uma excelente leitura para qualquer pessoa interessada na história ou que queira se empoderar!

Você levanta sua mão quando lhe perguntam se você gosta de histórias sobre mulheres que abalaram o mundo e que fizeram-nos torcer por elas? Você sabe do que estou falando, são histórias com uma mensagem poderosa tanto para meninos e meninas, quanto para homens e mulheres.

Algumas dessas mulheres extraordinárias se manifestaram contra a injustiça e trabalharam diligentemente em prol da igualdade de gênero em todas as formas. Outras morreram antes que o sufrágio acontecesse, mas muitas viveram o suficiente para testemunhar a mudança de longe - nas gerações seguintes - e a legislação eleitoral de hoje. Leia estas histórias inspiradoras de dificuldade e vitórias, de mulheres desafiadas pela sociedade, pelo patriarcado, pela pobreza ou pela escravidão.

Este livro da série Empoderamento Feminino inclui:

- Biografias fascinantes - Leia sobre ícones famosos, influentes e inspiradores como Nellie Bly, Sacagawea e Jane Goodall, assim como sobre inovadores menos conhecidos, tais como Ruby Bridges e Jane Austen.
- Retratos vívidos - Traga estas mulheres excepcionais à vida em sua imaginação com a ajuda de fotos ou ilustrações estimulantes.

Sobre a série: A **série Empoderamento Feminino** da editora Student Press Books apresenta novas perspectivas sobre o **Empoderamento Feminino que vão inspirar as jovens leitoras** a perceber sua posição em uma

sociedade cada vez mais diversificada. Quem será sua próxima fonte de inspiração?

O livro 21 Mulheres Excepcionais vai além de outros livros de biografia sobre Empoderamento Feminino , uma vez que destaca tópicos e pessoas no mundo inteiro e através do tempo. É também um grande presente para qualquer filha, irmã, sobrinha ou neta.

Seu Presente

Você tem um livro em suas mãos.

Não é um livro qualquer, é um livro de livros para a imprensa estudantil! Nós escrevemos sobre os heróis negros, a capacitação das mulheres, mitologia, filosofia, história, e outros assuntos interessantes!

Desde que você comprou um livro, queremos que você tenha outro de graça.

Tudo o que você precisa é um endereço de e-mail e a possibilidade de assinar nossa newsletter (o que significa que você pode cancelar a inscrição a qualquer momento).

Então, do que você está esperando? Inscreva-se hoje e reclame seu livro gratuito imediatamente! Tudo o que você precisa fazer é visitar o link abaixo e digitar seu endereço de e-mail. Você receberá o link para baixar a versão em PDF do livro imediatamente para que possa ser lido offline a qualquer momento.

E não se preocupe - não há taxas de captura ou escondidas; apenas um bom brinde à moda antiga de nós aqui na Student Press Books.

Visite este link agora mesmo e inscreva-se para receber seu exemplar gratuito de um de nossos livros!

Link: https://campsite.bio/studentpressbooks

Malala Yousafzai (nascido em 1997)

Defensor da educação paquistanesa

"Uma criança, um professor, um livro, uma caneta podem mudar o mundo".

Enquanto um adolescente, o ativista paquistanês Malala Yousafzai falava publicamente contra a proibição do Talibã à educação das meninas. Ela ganhou atenção global quando sobreviveu a uma tentativa de assassinato aos 15 anos de idade. Em 2014, Yousafzai recebeu o Prêmio Nobel da Paz por seus esforços em prol dos direitos das crianças.

Malala Yousafzai nasceu em 12 de julho de 1997, em Mingora, Vale de Swat, Paquistão. Filha de uma ativista social e educadora franca, Yousafzai foi uma excelente aluna. Seu pai estabeleceu e administrou a escola que ela freqüentava e a incentivou a seguir seu caminho.

Em 2007, o Vale Swat, outrora um destino de férias, foi invadido pelo Talibã. Liderado por Maulana Fazlullah, o Talibã paquistanês começou a impor uma lei islâmica rigorosa. Eles também destruíram ou fecharam escolas de meninas, proibiram as mulheres de qualquer papel ativo na sociedade e realizaram atentados suicidas. Yousafzai e sua família fugiram da região para sua segurança, mas voltaram quando as tensões e a violência abrandaram.

Em 1º de setembro de 2008, quando Malala Yousafzai tinha 11 anos, seu pai a levou para um clube de imprensa local em Peshawar, Paquistão, para protestar contra o fechamento da escola. Lá ela deu seu primeiro discurso - Como o Talibã ousa tirar meu direito básico à educação? Ela foi divulgada em todo o Paquistão.

No final de 2008, o Talibã anunciou que todas as escolas femininas da Swat seriam fechadas em 15 de janeiro de 2009. A British Broadcasting Corporation (BBC) procurou o pai do Yousafzai em busca de alguém que pudesse blogar para eles sobre como era viver sob o domínio do Talibã. Sob o nome Gul Makai, a Yousafzai começou a escrever entradas regulares para a BBC Urdu sobre sua vida diária. De janeiro até o início de março daquele ano, ela escreveu 35 entradas que também foram traduzidas para o inglês. Enquanto isso, o Talibã fechou todas as escolas femininas da Swat e explodiu com mais de 100 delas.

Em fevereiro de 2009, Malala Yousafzai fez sua primeira aparição na televisão. Yousafzai foi entrevistada pelo jornalista paquistanês e apresentador do programa de entrevistas Hamid Mir sobre o programa de eventos atuais do Paquistão, Capital Talk. No final de fevereiro, o Talibã, respondendo a uma reação crescente em todo o Paquistão, concordou com um cessar-fogo. Eles levantaram a restrição contra as meninas e permitiram que elas freqüentassem a escola na condição de usarem burkas (uma roupa que cobre o corpo da cabeça aos pés e veste o rosto). Entretanto, a violência ressuscitou apenas alguns meses depois.

A família Yousafzai foi forçada a buscar refúgio fora da Swat até que o exército paquistanês fosse capaz de expulsar o Talibã. No início de 2009, o repórter do New York Times Adam Ellick trabalhou com o Yousafzai para fazer um documentário, Class Dismissed. Foi uma peça de 13 minutos sobre o fechamento da escola. Ellick fez um segundo filme com ela,

intitulado A Schoolgirl's Odyssey. O New York Times publicou os dois filmes em seu site em 2009. Naquele verão, o Yousafzai se encontrou com o enviado especial dos EUA para o Afeganistão e Paquistão, Richard Holbrooke. Ela pediu-lhe que ajudasse com seu esforço para proteger a educação das meninas no Paquistão.

Com as contínuas aparições e cobertura televisiva do Yousafzai na mídia local e internacional, em dezembro de 2009, tornou-se evidente que ela era a jovem blogueira da BBC. Uma vez conhecida sua identidade, ela começou a receber amplo reconhecimento por seu ativismo. Em outubro de 2011 ela foi nomeada pelo ativista de direitos humanos Desmond Tutu para o Prêmio Internacional da Paz para Crianças. Em dezembro daquele ano, ela recebeu o primeiro Prêmio Nacional da Paz para Jovens do Paquistão (mais tarde renomeado Prêmio Nacional da Paz Malala).

Em 9 de outubro de 2012, Malala Yousafzai foi baleada na cabeça por um pistoleiro talibã enquanto voltava da escola para casa. Fazlullah e o Talibã paquistanês assumiram a responsabilidade pelo atentado contra sua vida. Ela sobreviveu ao ataque e foi transportada de Peshawar para Birmingham, Inglaterra, para ser operada. O incidente suscitou protestos e sua causa foi retomada em todo o mundo. O enviado especial das Nações Unidas (ONU) para a educação global, Gordon Brown, apresentou uma petição que pedia que todas as crianças ao redor do mundo voltassem à escola até 2015. Essa petição levou à ratificação do primeiro projeto de lei do Paquistão sobre o Direito à Educação.

Em dezembro de 2012, o presidente paquistanês Asif Ali Zardari anunciou o lançamento de um fundo educacional no valor de US$ 10 milhões em honra ao Yousafzai. Ao mesmo tempo, o Fundo Malala foi estabelecido pela Parceria Global Vital Voices para apoiar a educação de todas as meninas ao redor do mundo.

Enquanto isso, Malala Yousafzai continuou a se recuperar de seus ferimentos de bala. Ela ficou com sua família em Birmingham, onde acabou voltando aos seus estudos e ao ativismo. Sua primeira aparição pública após ter sido baleada foi em 12 de julho de 2013, seu 16º aniversário.

Yousafzai dirigiu-se a uma audiência de 500 pessoas na ONU em Nova Iorque. Entre seus muitos prêmios, em 2013, Yousafzai ganhou o Prêmio de Direitos Humanos das Nações Unidas, concedido a cada cinco anos. No mesmo ano, ela foi nomeada uma das pessoas mais influentes da revista Time e apareceu em uma das sete capas que foram impressas para aquela edição.

Em 2013, Yousafzai tornou-se o mais jovem indicado para o Prêmio Nobel da Paz. Embora não o tenha recebido na época, o comitê o concedeu a ela em 2014. Ela se tornou assim a pessoa mais jovem a ganhar o prêmio. Também em 2014, Yousafzai se tornou a pessoa mais jovem a ganhar a Medalha da Liberdade. O Centro de Constituição Nacional na Filadélfia, Pensilvânia, a outorga a figuras públicas que lutam pela liberdade das pessoas em todo o mundo.

Destaques

- Malala Yousafzai ganhou atenção global quando sobreviveu a uma tentativa de assassinato aos 15 anos de idade.
- Em outubro de 2011 ela foi nomeada pelo ativista de direitos humanos Desmond Tutu para o Prêmio Internacional da Paz para Crianças.
- Em 2014, Yousafzai e Kailash Satyarthi receberam conjuntamente o Prêmio Nobel da Paz em reconhecimento a seus esforços em prol dos direitos das crianças.
- Em julho de 2015, com o apoio do Fundo Malala, ela abriu uma escola de meninas no Líbano para refugiados da Guerra Civil síria.
- Ela discutiu seu trabalho com refugiados, assim como seu próprio deslocamento em We Are Displaced (2019).

Questões de pesquisa

---

1. Se você pudesse trocar de lugar com alguém por um dia, quem seria e por quê?
2. Qual é sua citação inspiradora favorita e por que você gosta tanto dela?

3. Quais pessoas ou figuras da mídia você acha que são realmente inspiradoras para as mulheres jovens de hoje?

Angela Davis (nascida em 1944)

Ativista político afro-americano e autor

"Em uma sociedade racista, não basta ser não-racista, devemos ser anti-racistas".

A ativista negra americana Angela Davis fez discursos e participou da arrecadação de fundos para causas revolucionárias. Ela ganhou reputação internacional durante sua prisão e julgamento sob acusações de conspiração em 1970-1972. Em vários momentos Davis foi membro do Partido Pantera Negra (um partido revolucionário afro-americano), do Comitê Coordenador Estudantil Não-Violento (um grupo estudantil contra o racismo e a Guerra do Vietnã), e do Che-Lumumba Club (uma facção juvenil afro-americana do Partido Comunista).

Angela Yvonne Davis nasceu em 26 de janeiro de 1944, em Birmingham, Alabama. De 1961 a 1967, ela freqüentou a faculdade no país e no exterior. Como candidata a doutorado na Universidade da Califórnia em San Diego, Davis estudou com o professor marxista Herbert Marcuse. Ela

acabou se tornando instrutora de filosofia no campus da universidade de Los Angeles. Entretanto, devido a suas opiniões políticas, seu contrato não foi renovado em 1970.

Em 1991, Angela Davis tornou-se professora no campo da história da consciência na Universidade da Califórnia em Santa Cruz. Em 1995, em meio a muita controvérsia, Davis foi nomeado presidente. Angela Davis se tornou professora emerita em 2008.

Nos anos 60 e 70, Davis defendeu a causa dos prisioneiros negros. Ela cresceu particularmente apegada a um jovem revolucionário, George Jackson. Durante seu julgamento em agosto de 1970, uma tentativa de fuga e seqüestro foi feita no Hall of Justice no condado de Marin, Califórnia. O irmão de Jackson e outros três, incluindo o juiz de julgamento, foram mortos.

As autoridades suspeitavam do envolvimento de Angela Davis, que foi procurada para ser presa e se tornou uma das criminosas mais procuradas do Federal Bureau of Investigation. Presa em Nova York, Nova York, em outubro, ela foi devolvida à Califórnia para enfrentar acusações de seqüestro, assassinato e conspiração; Angela Davis foi absolvida de todas as acusações por um júri totalmente branco.

Destaques

- Angela Davis, em plena Angela Yvonne Davis, (nascida em 26 de janeiro de 1944, Birmingham, Ala., EUA), ativista negra militante americana que ganhou reputação internacional durante sua prisão e julgamento sob acusações de conspiração em 1970-1972.
- Por causa de suas opiniões políticas e apesar de um excelente histórico como instrutora no campus da universidade de Los Angeles, o Conselho de Regentes da Califórnia em 1970 recusou-se a renovar sua nomeação como professora de filosofia.
- Em 1991, no entanto, Davis tornou-se professor no campo da história da consciência na Universidade da Califórnia, Santa Cruz.
- Em 1974 ela publicou Angela Davis: Uma Autobiografia (reimpressa em 1988).

Questões de pesquisa

1. Se você puder falar com qualquer mulher famosa da história, quem seria e que conselho você daria a elas?
2. Qual mulher famosa tem sido sua influência feminina mais forte na vida? Por que você escolheu essa pessoa?
3. Você acha que as líderes femininas poderosas nascem ou são feitas? Que qualidades você acredita que diferenciam esses tipos de pessoas do resto do mundo no mesmo campo?

Mae Jemison (nascida em 1956)

Médico americano e astronauta da NASA

"Nunca se limite por causa da imaginação limitada dos outros; nunca limite os outros por causa de sua própria imaginação limitada".

Formada como médica e engenheira, Mae Jemison foi a primeira mulher afro-americana a se tornar astronauta. Em 1992, ela passou oito dias orbitando a Terra como especialista em missões científicas a bordo do ônibus espacial Endeavour.

Mae Carol Jemison nasceu em 17 de outubro de 1956, em Decatur, Alabama, a mais nova de três crianças. Seu pai era um trabalhador de manutenção e sua mãe era professora. Quando Jemison tinha três anos de idade, a família mudou-se para Chicago, Illinois.

Os Jemisons encorajaram os interesses abrangentes de sua filha mais nova, que incluíam antropologia, arqueologia, evolução e astronomia, assim como a dança. Mae Jemison formou-se no ensino médio aos 16 anos de idade e ingressou na Universidade de Stanford na Califórnia, onde em 1977 recebeu graduação em engenharia química e estudos afro-americanos.

Mais tarde, no mesmo ano, Mae Jemison começou a estudar medicina na Universidade Cornell em Nova York. Ela estava particularmente interessada na medicina internacional e se ofereceu para trabalhar durante um verão em um campo de refugiados cambojanos na Tailândia. Em 1979, ela estudou no Quênia. Após graduar-se na faculdade de medicina em 1981, Jemison trabalhou brevemente como clínica geral em Los Angeles, Califórnia, antes de ingressar no Corpo de Paz dos EUA.

De 1983 a 1985 Mae Jemison serviu como oficial médica do Corpo da Paz nos países africanos de Serra Leoa e Libéria, prestando assistência médica ao Corpo da Paz e ao pessoal da embaixada dos EUA. Enquanto esteve na África, ela também conduziu pesquisas para os Institutos Nacionais de Saúde e para os Centros de Controle de Doenças.

Quando Mae Jemison retornou aos Estados Unidos em 1985, ela retomou o trabalho como médica de clínica geral. Jemison também estudou engenharia em preparação para sua aplicação no programa de treinamento de astronautas da National Aeronautics and Space Administration (NASA). Em outubro de 1986 ela soube que, de 2.000 candidatos, ela foi uma das 15 selecionadas para o programa de treinamento de astronautas.

Após completar seu treinamento como especialista em missões de ônibus espacial em 1988, Jemison começou a trabalhar como membro da equipe de apoio para missões de ônibus espacial no Kennedy Space Center no Cabo Canaveral, Flórida. Em setembro de 1992, Jemison serviu como especialista em missões no ônibus espacial Endeavour para a missão STS-47 Spacelab J.

Mae Jemison conduziu experimentos sobre o efeito da ausência de peso na biologia humana e animal. Na época de seu vôo, ela era a única astronauta afro-americana fêmea.

Jemison deixou a NASA em março de 1993 para fundar sua própria empresa, o Grupo Jemison. A empresa desenvolve tecnologias avançadas nas áreas de saúde, produção de alimentos e proteção ambiental que são especificamente direcionadas para uso em países em desenvolvimento. A BioSentient Corporation, uma empresa fundada em 1999, desenvolve equipamentos de monitoramento de saúde que os pacientes podem usar em seus corpos.

De 1995 a 2002, Mae Jemison lecionou estudos ambientais no Dartmouth College. Ela recebeu inúmeros prêmios e títulos honoríficos. Seu livro, Find Where the Wind Goes: Momentos de Minha Vida (2001), fornece um relato autobiográfico de sua infância e juventude.

Destaques

- Mae Jemison, em plena Mae Carol Jemison, (nascida em 17 de outubro de 1956, Decatur, Alabama, EUA), médica americana e a primeira mulher afro-americana a se tornar astronauta.
- Em 1977 Jemison ingressou na Faculdade de Medicina da Universidade Cornell em Ithaca, Nova York, onde buscou um interesse pela medicina internacional.
- Ela se formou na faculdade de medicina em 1981 e, após um curto período como médica geral com um grupo médico de Los Angeles, tornou-se oficial médica do Corpo da Paz na África Ocidental.
- Em 1992, ela passou mais de uma semana orbitando a Terra no ônibus espacial Endeavour. Na época, ela era a única mulher afro-americana astronauta.

Questões de pesquisa

---

1. Quem é sua heroína pessoal feminina que a inspira e motiva diariamente a ser destemida, corajosa, capacitada e forte de espírito?
2. Onde você acha que estaríamos agora, se não fosse por estas mulheres destemidas?

3. Quantas batalhas essas mulheres perderam antes de vencer a guerra contra o patriarcado?

Anne Carroll Moore (1871-1961)

Educador, escritor e defensor das bibliotecas infantis americanas

Em reconhecimento ao seu trabalho pioneiro na biblioteca com crianças e seus muitos esforços para melhorar e promover a literatura infantil, Anne Carroll Moore recebeu a Medalha Regina da Associação Católica de Bibliotecas em 1960. Como primeira supervisora de trabalho com crianças da Biblioteca Pública de Nova York, Moore ajudou a promover as bibliotecas públicas como lugares amigos das crianças.

Anne Carroll Moore nasceu em 12 de julho de 1871, em Limerick, Me. Após graduar-se na Academia Bradford em 1891, ela pretendia estudar Direito sob a orientação de seu pai, mas uma epidemia de gripe matou ambos os pais em 1892.

Anne Carroll Moore passou os próximos anos cumprindo responsabilidades familiares, mas acabou estudando ciências bibliotecárias no Instituto Pratt no Brooklyn, N.Y. Após sua formatura em 1896, Moore tornou-se bibliotecária infantil na Biblioteca Livre do

Instituto Pratt, a primeira biblioteca construída com uma sala especial projetada para o trabalho infantil.

Moore deixou a Pratt em 1906 para trabalhar na Biblioteca Pública de Nova Iorque. Ela criou salas de leitura coloridas e convidativas, onde as crianças podiam explorar livros cuidadosamente escolhidos sobre uma variedade de tópicos e se reunir em horários regulares para contar histórias.

Anne Carroll Moore visitou todas as filiais do sistema de biblioteca de Nova Iorque para educar o pessoal sobre o trabalho com crianças e para avaliar as coleções infantis quanto ao tamanho e qualidade. Visitantes de todo o mundo vieram observar a biblioteca e retornaram às suas próprias comunidades ansiosos para criar modelos similares. Ao se aposentar do cargo em 1941, Moore escolheu Frances Clarke Sayers como sua sucessora. Sayers escreveu mais tarde sobre sua famosa mentora em Anne Carroll Moore: A Biography (1972).

Anne Carroll Moore tornou-se uma das primeiras revisoras de livros juvenis quando foi convidada, em 1918, a contribuir com críticas à revista mensal The Bookman. Mais tarde, ela editou uma página semanal sobre livros infantis para o New York Herald Tribune e contribuiu para The Atlantic Monthly e The Horn Book Magazine. Suas séries de livros "Roads to Childhood" e "Three Owls" também continham críticas sobre a literatura infantil.

Um talentoso autor, Moore foi vice-campeão da medalha Newbery de 1925 para Nicholas: A Manhattan Christmas Story (1924), um livro infantil inspirado num rapaz holandês de madeira esculpida à mão dado a ela como presente. Uma continuação, Nicholas and the Golden Goose, foi publicada em 1932.

Moore também editou A História de Nova York de Washington Irving Knickerbocker (1928) e The Bold Dragoon and Other Ghostly Tales (1930); escreveu uma apreciação da Arte de Beatrix Potter (1955); e criou listas de leitura para várias edições da Enciclopédia Fotográfica de Compton.

Anne Carroll Moore recebeu uma variedade de prêmios por suas realizações, incluindo doutoramentos honorários da Pratt e da Universidade do Maine. A Associação Nacional do Livro Feminino

nomeou-a a primeira ganhadora de sua Medalha Memorial Constance Lindsay Skinner. Moore morreu em 20 de janeiro de 1961, na cidade de Nova York.

Questões de pesquisa

---

1. Quem é sua mulher inspiradora, extraordinária ou destemida favorita?
2. Que palavras de sabedoria você diria às mulheres jovens a fim de encorajá-las a assumir riscos?
3. Para quem você tem muito respeito entre a população feminina?

Rosa L. Parks (1913-2005)

Ativista dos direitos civis afro-americanos

"Nunca se deve ter medo do que se está fazendo quando está certo".

Ao recusar-se a ceder seu assento de ônibus a um homem branco no Sul segregado, Rosa Parks desencadeou o movimento de direitos civis dos Estados Unidos. Sua ação levou ao boicote dos ônibus Montgomery, Alabama, 1955-56, e ela se tornou um símbolo do poder do protesto não violento.

Rosa Louise McCauley nasceu em 4 de fevereiro de 1913, em Tuskegee, Alabama. Ela cursou brevemente o Alabama State Teachers College (hoje Alabama State University) e em 1932 casou-se com Raymond Parks, um barbeiro. Parks trabalhou como costureira e tornou-se ativa na Associação Nacional para o Progresso das Pessoas de Cor (NAACP), servindo como secretária do capítulo Montgomery de 1943 a 1956.

A caminho de casa do trabalho, um dia em 1955, Rosa Parks foi aconselhada por um motorista de ônibus a ceder seu lugar a um homem

branco. Quando ela se recusou, foi presa e multada, uma ação que motivou os líderes negros locais a tomar medidas.

O líder emergente de direitos civis Martin Luther King, Jr., liderou um boicote à empresa de ônibus que durou mais de um ano. Em 1956, a Suprema Corte dos Estados Unidos manteve a decisão de um tribunal inferior declarando inconstitucional o assento segregado de Montgomery em ônibus.

Rosa Parks mudou-se para Detroit, Michigan, em 1957. Ela trabalhou no escritório do congressista John Conyers, Jr., de Michigan, de 1965 até se aposentar em 1988. Ela permaneceu ativa na NAACP e em outros grupos de direitos civis. O Conselho de Liderança Cristã do Sul criou o Prêmio Liberdade Rosa Parks em sua homenagem, e em 1979 a NAACP lhe concedeu a Medalha Spingarn.

Em 1987, Rosa Parks cofundou um instituto para ajudar a educar os jovens e ensinar-lhes habilidades de liderança. Sua autobiografia, Rosa Parks: My Story, apareceu em 1992. Parks recebeu duas das mais prestigiadas honras civis do governo dos EUA - a Medalha Presidencial da Liberdade (1996) e a Medalha de Ouro do Congresso (1999) - por suas contribuições para o movimento de direitos civis. Os parques morreram em 24 de outubro de 2005, em Detroit.

Destaques

- Quando ela tinha dois anos de idade, logo após o nascimento de seu irmão mais novo, Sylvester, seus pais optaram por se separar. Separados do pai a partir de então, os filhos se mudaram com a mãe para viver na fazenda de seus avós maternos em Pine Level, Alabama, nos arredores de Montgomery.
- Em 1932, aos 19 anos, Rosa casou-se com Raymond Parks, barbeiro e ativista dos direitos civis, que a encorajou a retornar ao ensino médio e a obter um diploma.
- Em 1987, ela cofundou o Rosa and Raymond Parks Institute for Self-Development para oferecer treinamento de carreira aos jovens e oferecer aos adolescentes a oportunidade de aprender sobre a história do movimento de direitos civis.

Questões de pesquisa

1. Você conhece muitas mulheres que são destemidas ou uma inspiração?
2. Quem são suas mulheres favoritas na história?
3. Quem é uma mulher que você conhece que o inspira e por quê?

Nellie Bly (1867-1922)

Jornalista, industrial, inventor e trabalhador caritativo americano

"A energia corretamente aplicada e dirigida realizará qualquer coisa".

Um dia, em 1885, uma menina de 18 anos entrou nos escritórios do Pittsburgh Dispatch e se apresentou como Elizabeth Cochrane. Ela disse que havia escrito uma carta, que o Despacho havia publicado, sobre papéis mais ativos para a vida das mulheres. Com base na carta, ela pediu um emprego.

A senhorita Cochrane foi contratada e tomou como seu pseudônimo Nellie Bly, da canção homônima do compositor americano Stephen Foster. Bly ficaria famosa pela reportagem sensacional, orientada para a reforma.

Uma escritora de renome, Nellie Bly preparou artigos sobre temas como divórcio, vida em favelas e vida no México. Ela escreveu um livro sobre suas viagens ao México. Empregada pelo mundo de Nova York em 1887, ela fingiu insanidade para obter admissão a um asilo na ilha de Blackwell. Sua exposição das condições de lá trouxe melhorias no atendimento aos pacientes.

Em 1889 e 1890 Nellie Bly viajou ao redor do mundo para bater o recorde de Phileas Fogg, herói fictício do romance Around the World in Eighty Days, de Jules Verne. Bly voltou a Nova York para uma recepção tumultuada, tendo circulado o mundo em 72 dias, 6 horas, 11 minutos e 14 segundos.

Nellie Bly nasceu Elizabeth Cochrane, ou Cochran, em 5 de maio de 1867, em Cochran's Mills, Pa., uma cidade chamada por sua família. Ela desistiu de sua carreira de escritora em 1895 para casar-se com o milionário Robert Seaman. Após sua morte em 1904, ela administrou seus interesses comerciais até a falência de Nellie Bly. Em 1920, Bly voltou ao trabalho jornalístico no New York Journal. Nellie Bly morreu na cidade de Nova York em 27 de janeiro de 1922.

Destaques

- Nellie Bly, pseudônimo de Elizabeth Cochrane, começou sua carreira em 1885 em sua Pensilvânia natal como repórter do Despacho de Pittsburgh, para o qual ela havia enviado uma carta irritada ao editor em resposta a um artigo que o jornal havia impresso intitulado "Para que servem as meninas" (não muito, de acordo com o artigo).
- Seus primeiros artigos, sobre as condições entre as meninas trabalhadoras em Pittsburgh, a vida nas favelas e outros tópicos semelhantes, a marcaram como repórter de engenhosidade e preocupação.
- O Livro de Nellie Bly: Around the World in Seventy-two Days (1890) foi um grande sucesso popular, e o nome Nellie Bly tornou-se sinônimo de uma repórter estrelada.

Questões de pesquisa

1. Qual é a primeira vez que você se lembra de pensar no sexismo e como ele afeta as mulheres que ainda não conhecemos ou ainda não conhecemos?
2. Como essas mulheres lhe dão poder para ser destemida e acreditar em si mesma?
3. Você já teve algum momento em que sentiu que alguém estava tentando desencorajá-lo de alcançar algo grandioso? Como lidar com isso?

Marie Curie (1867-1934)

A primeira mulher a ganhar um Prêmio Nobel

"Nada na vida é para ser temido, é apenas para ser compreendido". Agora é o momento de entender mais, para que possamos temer menos".

A física francesa de origem polonesa Marie Curie era famosa por seu trabalho sobre radioatividade e duas vezes ganhadora do Prêmio Nobel. Com Henri Becquerel e seu marido, Pierre Curie, ela foi agraciada com o Prêmio Nobel de Física de 1903.

Marie Curie foi a única vencedora do Prêmio Nobel de Química de 1911. Marie foi a primeira mulher a ganhar um Prêmio Nobel, e é a única mulher a ganhar o prêmio em dois campos diferentes.

Maria Salomea Sklodowska nasceu em 7 de novembro de 1867, em Varsóvia, no que era então o Reino do Congresso da Polônia, Império Russo. Desde criança ela foi notável por sua memória prodigiosa, e aos 16 anos de idade ganhou uma medalha de ouro ao completar seus estudos secundários no liceu russo.

Como seu pai, um professor de matemática e física, perdeu suas economias devido a um mau investimento, Marie teve que aceitar trabalho como professora e ao mesmo tempo participou clandestinamente da "universidade livre" nacionalista, lendo em polonês para mulheres trabalhadoras.

Aos 18 anos, Marie Curie assumiu um cargo de governanta, onde sofreu um infeliz caso de amor. Entretanto, com seus ganhos, ela pôde financiar os estudos médicos de sua irmã Bronislawa em Paris, França, com o entendimento de que Bronislawa, por sua vez, a ajudaria mais tarde a conseguir uma educação.

Em 1891 Sklodowska foi a Paris e - agora usando o nome Marie - começou a seguir as palestras de Paul Appel, Gabriel Lippmann e Edmond Bouty na Universidade de Sorbonne. Sklodowska trabalhou até tarde da noite e completou os cursos de Física e Matemática. Foi na primavera de 1891 que ela conheceu Pierre Curie.

Seu casamento (25 de julho de 1895) marcou o início de uma parceria que logo alcançaria resultados de importância mundial, em particular a descoberta do polônio (assim chamado por Marie em homenagem a sua terra natal) no verão de 1898 e o do rádio alguns meses depois.

Após a descoberta por Henri Becquerel (1896) de um novo fenômeno (que mais tarde ela chamou de "radioatividade"), Marie Curie, procurando um assunto para uma tese, decidiu descobrir se o imóvel descoberto em urânio era para ser encontrado em outro assunto. Curie descobriu que isto era verdade para o tório ao mesmo tempo que Gerhard Carl Schmidt descobriu.

Voltando sua atenção para os minerais, ela encontrou seu interesse atraído pelo pitchblende. Pitchblende, um mineral cuja atividade é superior à do urânio puro, só poderia ser explicado pela presença no minério de pequenas quantidades de uma substância desconhecida de

atividade muito alta. Pierre Curie juntou-se então a Marie no trabalho que ela havia empreendido para resolver este problema e que levou à descoberta dos novos elementos, o polônio e o rádio.

Enquanto Pierre Curie se dedicava principalmente ao estudo físico das novas radiações, Marie Curie lutava para obter rádio puro no estado metálico - conseguido com a ajuda do químico André-Louis Debierne, um dos alunos de Pierre Curie. Sobre os resultados desta pesquisa, Marie Curie recebeu seu doutorado em ciência em junho de 1903 e - com Pierre - recebeu a Medalha Davy da Royal Society. Também em 1903 eles compartilharam com Becquerel o Prêmio Nobel de Física pela descoberta da radioatividade.

O nascimento de suas duas filhas, Irène e Ève, em 1897 e 1904, não interrompeu o intenso trabalho científico de Marie. Curie foi nomeada professora de física (1900) na École Normale Supérieure para meninas em Sèvres, França, e ali introduziu um método de ensino baseado em demonstrações experimentais. Ela foi nomeada assistente principal no laboratório, dirigida por Pierre Curie, em dezembro de 1904.

A morte repentina de Pierre Curie (19 de abril de 1906) foi um duro golpe para Marie Curie, mas foi também um ponto decisivo em sua carreira: doravante ela deveria dedicar toda sua energia para completar sozinha o trabalho científico que eles haviam empreendido.

Em 13 de maio de 1906, Marie Curie foi nomeada para a cátedra que havia ficado vaga na morte de seu marido; ela foi a primeira mulher a ensinar na Sorbonne. Em 1908 ela se tornou professora titular, e em 1910 seu tratado fundamental sobre radioatividade foi publicado.

Em 1911 ela recebeu o Prêmio Nobel de Química, pelo isolamento do rádio puro. Em 1914, Marie Curie viu concluída a construção dos laboratórios do Instituto de Radium (Institut du Radium), na Universidade de Paris.

Durante toda a Primeira Guerra Mundial, Marie Curie, com a ajuda de sua filha Irène, se dedicou ao desenvolvimento do uso da radiografia X. Em 1918, o Instituto Radium, ao qual Irène se juntou, começou a operar com seriedade, e se tornou um centro universal de física e química nuclear.

Marie Curie, agora no ponto mais alto de sua fama e, desde 1922, membro da Academia de Medicina, dedicou suas pesquisas ao estudo da química das substâncias radioativas e das aplicações médicas dessas substâncias.

Em 1921, acompanhada por suas duas filhas, Marie Curie fez uma viagem triunfante aos Estados Unidos, onde o Presidente Warren G. Harding a presenteou com um grama de rádio que havia sido comprado como resultado de uma coleção entre as mulheres americanas.

Marie Curie deu palestras, especialmente na Bélgica, Brasil, Espanha e Tchecoslováquia. Ela foi nomeada membro da Comissão Internacional de Cooperação Intelectual pelo Conselho da Liga das Nações. Além disso, ela teve a satisfação de ver o desenvolvimento da Fundação Curie em Paris e na Polônia a inauguração em 1932, em Varsóvia, do Instituto Radium, do qual sua irmã Bronislawa tornou-se diretora.

Uma das realizações notáveis de Marie Curie foi ter compreendido a necessidade de acumular fontes radioativas intensas, não apenas para tratar doenças, mas também para manter um suprimento abundante para pesquisa em física nuclear; o estoque resultante foi um instrumento inigualável até o aparecimento, após 1930, dos aceleradores de partículas.

A existência em Paris, no Instituto Radium, de um estoque de 1,5 gramas de rádio no qual, durante um período de vários anos, o rádio D e o polônio haviam acumulado uma contribuição decisiva para o sucesso das experiências realizadas nos anos por volta de 1930 - em particular daquelas experiências realizadas por Irène Curie em conjunto com Frédéric Joliot, com quem ela havia se casado em 1926. Este trabalho preparou o caminho para a descoberta do nêutron por Sir James Chadwick e, sobretudo, para a descoberta em 1934 por Irène e Frédéric Joliot-Curie da radioatividade artificial.

Alguns meses após esta descoberta, Curie morreu como resultado de leucemia causada pela ação da radiação. Sua contribuição à física havia sido imensa, não apenas em seu próprio trabalho, cuja importância havia sido demonstrada pela atribuição a ela de dois Prêmios Nobel, mas devido

a sua influência sobre as gerações posteriores de físicos e químicos nucleares.

Marie Curie morreu em 4 de julho de 1934, perto de Sallanches, França. Em 1995, suas cinzas foram consagradas no Panthéon de Paris; ela foi a primeira mulher a receber esta honra por suas próprias realizações. Seu escritório e laboratório no Pavilhão Curie do Instituto Radium são preservados como o Museu Curie.

Destaques

- Marie Curie foi uma física francesa nascida na Polônia, famosa por seu trabalho sobre radioatividade e duas vezes ganhadora do Prêmio Nobel.
- Com Henri Becquerel e seu marido, Pierre Curie, ela recebeu o Prêmio Nobel de Física de 1903.
- Ela foi a única ganhadora do Prêmio Nobel de Química de 1911.
- Marie Curie foi a primeira mulher a ganhar um Prêmio Nobel, e é a única mulher a ganhar o prêmio em dois campos diferentes.

Questões de pesquisa

---

1. Qual é a sua definição de uma mulher que fez algo com força e individualidade?
2. Você já se deparou com alguma mulher que tenha mudado o mundo de alguma forma, ou são apenas suas heroínas locais?
3. Você acredita que as mulheres compartilham qualidades diferentes das dos homens?

Sacagawea (1788?-1812?)

Intérprete e guia indígena americano

"Incríveis as coisas que você encontra quando se preocupa em procurá-las".

Um adolescente chamado Sacagawea serviu como intérprete para a Expedição Lewis e Clark para o oeste dos Estados Unidos. Ela era uma índia Lemhi Shoshone. Ela viajou milhares de quilômetros através do deserto com os exploradores, desde os Dakotas até o Oceano Pacífico e voltou novamente. Muitos memoriais foram erguidos em sua homenagem, em parte pela fortaleza com que ela enfrentou dificuldades na difícil jornada.

É difícil separar os fatos da lenda na vida de Sacagawea. Os historiadores discordam sobre as datas de seu nascimento e morte e até mesmo sobre seu nome. Uma versão de seu nome, Sacagawea, significa "Mulher Pássaro" na língua Hidatsa. Alternativamente, seu nome às vezes se escreve Sacajawea ou Sakakawea. Pensa-se que ela tenha nascido por volta de 1788, perto da Divisão Continental no que hoje é a fronteira

Idaho-Montana. Por volta de 1800, quando ela tinha cerca de 12 anos de idade, um grupo de índios Hidatsa a capturaram perto da cabeceira do rio Missouri.

A Hidatsa fez de Sacagawea uma escrava e a levou para as aldeias Mandan-Hidatsa perto do que é hoje Bismarck, N.D. Em cerca de 1804 ela se tornou uma das esposas do comerciante de peles francês canadense Toussaint Charbonneau. (Sacagawea pode ter sido vendida a ele).

Os exploradores Meriwether Lewis e William Clark chegaram às aldeias Mandan-Hidatsa e construíram lá um forte para passar o inverno. Eles contrataram Charbonneau como intérprete para ajudá-los a falar com os vários povos indígenas que encontrariam em sua expedição. No entanto, ele não falava Shoshone. A expedição precisaria se comunicar com o Shoshone para adquirir cavalos para usar para cruzar as montanhas. Por esta razão, os exploradores concordaram que a grávida Sacagawea também deveria acompanhá-los. Em 11 de fevereiro de 1805, ela deu à luz a um filho, Jean Baptiste.

Sacagawea levou seu filho na expedição, que partiu no dia 7 de abril no Rio Missouri. Em 14 de maio, Charbonneau quase virou o barco escavado no qual Sacagawea estava cavalgando. Permanecendo calmo, Sacagawea recuperou papéis importantes, instrumentos, remédios e outros objetos de valor que, de outra forma, teriam sido perdidos. Sacagawea também provou ser um bem significativo de outras formas, como na busca de plantas comestíveis e na confecção de mocassins e roupas.

Sacagawea também ajudou a dissipar as suspeitas de aproximação das tribos indígenas através de sua presença - uma mulher e uma criança acompanhando um grupo de homens indicou intenções pacíficas.

Em meados de agosto, a expedição encontrou uma banda de Shoshone. Seu líder era o irmão de Sacagawea, Cameahwait. A reunião de Sacagawea e seu irmão ajudou Lewis e Clark a obter os cavalos e o guia que lhes permitiu atravessar as Montanhas Rochosas.

Sacagawea não foi o guia para a expedição, como alguns a retrataram erroneamente. Ela reconheceu, no entanto, marcos no sudoeste do Montana. Ela também informou Clark que o Bozeman Pass era a melhor rota entre os rios Missouri e Yellowstone em sua viagem de retorno.

Sacagawea e sua família deixaram a expedição quando chegaram de volta às aldeias Mandan-Hidatsa.

Acredita-se que Sacagawea morreu logo após dar à luz uma filha, Lisette, em 20 de dezembro de 1812, em Fort Manuel, perto do que é agora Mobridge, S.D. Clark tornou-se a guardiã legal de seus dois filhos.

Nos anos desde sua morte, Sacagawea se tornou uma lenda, tema de muitos livros e filmes. Sacagawea também foi homenageada com monumentos, estátuas, selos postais dos EUA e uma moeda de dólar americano. Ela recebeu o título de sargento honorário no exército regular dos Estados Unidos em 2001.

Destaques

- Sacagawea, também soletrada Sacajawea, se traduz em "Mulher Pássaro".
- Escravizada e levada para seus vilarejos de terra do Rio Knife perto da atual Bismarck, Dakota do Norte, ela foi comprada pelo comerciante de peles francês canadense Toussaint Charbonneau e tornou-se uma de suas esposas no plural por volta de 1804.
- Sacagawea não foi o guia da expedição, como alguns a retrataram erroneamente; no entanto, ela reconheceu marcos no sudoeste de Montana e informou Clark que o Bozeman Pass era a melhor rota entre os rios Missouri e Yellowstone em sua viagem de retorno.

Questões de pesquisa

---

1. O que faria do mundo um lugar melhor se mais pessoas fossem como essas mulheres destemidas?
2. Quem é seu super-herói feminino favorito? E o que a torna tão especial?
3. Quais são as melhores qualidades sobre as mulheres em geral?

Ruby Bridges (nascido em 1954)

Ativista dos direitos civis americanos

"O racismo é uma doença dos adultos, e devemos parar de usar nossos filhos para disseminá-la".

Uma turba venenosa de racistas brancos gritou com Ruby Bridges, de seis anos, ao se aproximar da porta da Escola Elementar William Frantz em Nova Orleans, Louisiana, em 14 de novembro de 1960, seu primeiro dia de aula. Como uma das primeiras crianças a integrar as escolas de Nova Orleans, Ruby foi protegida por quatro marechais federais armados e sua mãe.

A integração tinha finalmente chegado a Nova Orleans como resultado de uma ordem judicial federal, e os cidadãos brancos lívidos se rebelaram ao tratar uma jovem criança afro-americana com ódio enraizado no preconceito. Ruby Bridges reagiu com espírito e graça, tornando-se um símbolo nacional do movimento de direitos civis. Pontes foi mais tarde imortalizada na poderosa pintura Norman Rockwell intitulada O problema com o qual todos nós vivemos.

Nascido na pobreza em 8 de setembro de 1954, em Tylertown, Mississippi, Ruby Nell Bridges era o mais velho dos oito filhos de Abon e Lucille Bridges. A espiritualidade foi parte integrante de sua criação. Desde o início, os pais de Ruby incutiram nela e em seus irmãos a importância da oração e da fé. Quando Ruby tinha quatro anos, sua família se mudou para Nova Orleans para buscar melhores oportunidades. Ruby foi selecionada aos seis anos de idade para se matricular na Escola Frantz. Seu pai inicialmente se opôs a que ela freqüentasse uma escola só para brancos, achando que a escola que ela freqüentava era boa o suficiente. Sua mãe o convenceu de que eles precisavam permitir que Ruby aproveitasse uma oportunidade para obter uma educação melhor do que a deles. Na época, eles não estavam cientes do significado de sua decisão ou do efeito que ela teria sobre sua filha.

Ruby passou todo seu primeiro dia de aula no escritório do diretor, observando os pais irados marcharem até a escola para remover seus filhos. No segundo dia de aula de Ruby, Barbara Henry, uma jovem professora contratada de Boston, começou a ensiná-la. Os dois trabalharam juntos em uma sala de aula vazia por um ano inteiro.

Todos os dias, enquanto os marshals a escoltavam até a escola, a apenas alguns quarteirões de sua casa, incitavam Ruby a olhar para o futuro para evitar ver os insultos racistas espalhados pelos sinais ou os rostos distorcidos cuspindo nela. No início, Ruby atribuiu o barulho e a multidão ao carnaval. Foi só muito mais tarde que ela percebeu que ela era o sujeito do barulho da multidão.

No final do ano letivo, a multidão começou a diminuir lentamente e, um a um, os pais trouxeram seus filhos de volta à escola. No ano letivo seguinte, a escola foi integrada e a freqüência voltou ao normal.

A história de Ruby serviu de base para uma série de livros escritos pelo internacionalmente conhecido psiquiatra infantil e escritor premiado com o Pulitzer Robert Coles. Ele estudou os efeitos das escolas segregadas sobre as crianças e a reação das crianças ao estresse extremo e à crise. Ele se interessou pelo Ruby quando, preso em um engarrafamento causado pela multidão de pessoas fora da Escola Frantz, testemunhou a jovem, flanqueada por marechais federais, caminhando corajosamente para a

escola. Coles começou a aconselhá-la, ajudando-a a transformar sentimentos sobre suas experiências em palavras e imagens.

Quando adulta, ela se casou, tornando-se Ruby Bridges-Hall, e tornou-se a mãe de quatro meninos. Durante seus 40 anos de idade, ela passou por uma crise familiar. Em 1993, seu irmão foi assassinado e ela se tornou mãe de suas quatro filhas pequenas. Impulsionada por um senso de propósito, ela começou a trabalhar como ligação de pais na Escola Frantz, sua antiga escola. Com o passar dos anos, Frantz havia se tornado uma escola americana totalmente africana. Em 1994, ela criou a Fundação Educacional Ruby Bridges para ajudar os alunos carentes e melhorar as instalações escolares. Ela encorajou os pais a se envolverem na educação de seus filhos. Em 1995, a Dra. Coles escreveu um livro para crianças em idade escolar intitulado The Story of Ruby Bridges. Bridges fez uma turnê pelo país promovendo o livro de Coles, e todos os royalties foram para sua fundação.

Em 1996 a Ruby Bridges participou do revezamento da tocha olímpica, levando a tocha através de Nova Orleans. Em 1998, sua história foi recontada em um filme da Disney feito para a televisão, Ruby Bridges.

Seu livro de memórias, Through My Eyes, foi lançado em 1999. Nesse mesmo ano, ela criou a Fundação Ruby Bridges, que utilizou iniciativas educacionais para promover a tolerância e a unidade entre as crianças em idade escolar.

Destaques

- Ruby Bridges, em plena Ruby Nell Bridges, era a mais velha de oito crianças, nascida na pobreza no estado do Mississippi.
- Dos seis estudantes afro-americanos designados para integrar a escola, Bridges foi o único a se matricular.
- Em 14 de novembro de 1960, seu primeiro dia, ela foi escoltada para a escola por quatro marechais federais.
- Pontes passaram o dia inteiro no escritório do diretor enquanto os pais zangados marchavam até a escola para remover seus filhos.

Questões de pesquisa

1. Quem é sua mulher favorita, capacitada e inspiradora?
2. Como (feminino) você espera crescer para ser como?
3. Existe uma certa mulher que dá à sua vida um propósito todos os dias?

Greta Thunberg (nascida em 2003)

Ativista climático sueco

"Eu aprendi que você nunca é pequeno demais para fazer a diferença".

A ativista sueca Greta Thunberg trabalhou para resolver o problema do aquecimento global. Ela fundou um movimento conhecido como Fridays for Future (também chamado de School Strike for Climate). Thunberg iniciou o movimento em agosto de 2018 quando faltou às aulas para sentar-se fora do parlamento sueco com uma placa que dizia (em sueco) "Greta Escolar para o Clima". Pouco mais de um ano depois, em setembro de 2019, milhões de manifestantes marcharam em greves climáticas em mais de 163 países.

Greta Tintin Eleonora Ernman Thunberg nasceu em 3 de janeiro de 2003, em Estocolmo, Suécia. Sua mãe era cantora de ópera, e seu pai era ator. Thunberg foi diagnosticada com síndrome de Asperger, que agora é considerada uma desordem do espectro do autismo (ASD). Ela é

caracterizada por anormalidades nas interações sociais (como no autismo clássico), mas com inteligência normal e desenvolvimento da linguagem. As pessoas com síndrome de Asperger tendem a se concentrar profundamente em uma idéia ou interesse.

A causa de Greta Thunberg tornou-se a mudança climática. Thunberg soube da mudança climática pela primeira vez quando tinha cerca de oito anos de idade. Em poucos anos, ela mudou seus próprios hábitos, tornando-se vegana e recusando-se a viajar de avião. (Tanto o gado quanto os aviões emitem uma grande quantidade dos gases que contribuem para o aquecimento global).

Nas semanas que antecederam as eleições suecas de 2018, Thunberg sentou-se em frente ao prédio do parlamento com seu cartaz. Ela esperava estimular os legisladores a abordar o problema da mudança climática. No primeiro dia da greve, ela estava sozinha, mas a cada dia que ela voltava, mais e mais pessoas se juntavam a ela.

Após a eleição, Greta Thunberg voltou à escola, mas ainda faltou às aulas às sextas-feiras para fazer greve. Esses dias foram chamados de sextas-feiras para o futuro. Sua ação inspirou centenas de milhares de estudantes em todo o mundo a participar de suas próprias sextas-feiras para o futuro. Os estudantes realizaram greves em muitos países, incluindo Bélgica, Canadá, Estados Unidos, Reino Unido, Finlândia, Dinamarca, França e Holanda.

Logo após Greta Thunberg ter iniciado sua greve, ela recebeu convites para falar sobre a mudança climática. Ela falou em vários eventos climáticos das Nações Unidas, no Fórum Econômico Mundial em Davos, Suíça, e no Parlamento Europeu.

Greta Thunberg também falou diante das legislaturas da Itália, França, Reino Unido e Estados Unidos. Seus discursos foram reunidos em um livro e publicados como Ninguém é pequeno demais para fazer a diferença (2019). Em 2019 a revista Time nomeou Thunberg como um de seus Líderes da Próxima Geração e sua Pessoa do Ano.

Destaques

- Greta Thunberg, em plena Greta Tintin Eleonora Ernman Thunberg, foi diagnosticada com síndrome de Asperger, que agora é considerada uma desordem do espectro do autismo (ASD).
- Além de seu trabalho ambiental, Thunberg foi creditado a Thunberg pela conscientização sobre a Asperger e por inspirar aqueles que tinham o distúrbio.
- Embora reconhecendo que a Asperger a havia prejudicado de alguma forma, ela também notou suas vantagens, em certo ponto tweetando: "Eu tenho Aspergers e isso significa que às vezes sou um pouco diferente da norma". E - dadas as circunstâncias certas - ser diferente é uma superpotência".
- No One Is Too Small to Make a Difference (2019) é uma coleção de seus discursos.
- O documentário I Am Greta apareceu em 2020.

Questões de pesquisa

---

1. Você tem alguma experiência pessoal com mulheres que inspiram pessoas?
2. Descreva a melhor mulher que você conhece e o que ela faz que inspira outras?
3. Qual é sua definição de uma "mulher destemida"?

Gertrude Ederle (1905-2003)

Nadador americano

"As pessoas disseram que as mulheres não sabiam nadar no Canal, mas eu provei que sabiam".

A nadadora americana Gertrude Ederle foi a primeira mulher a atravessar o Canal da Mancha a nadar, um feito que ela realizou em 6 de agosto de 1926. Ela completou a travessia em apenas 14 horas e 31 minutos, o que quebrou o recorde dos homens em 1 hora e 59 minutos. Ela fez isso apesar de mares agitados a obrigarem a nadar 35 milhas (56 quilômetros) para cobrir a distância de 21 milhas (34 quilômetros).

Gertrude Caroline Ederle nasceu na cidade de Nova York em 23 de outubro de 1905. Ela começou a nadar competitivamente em idade precoce. Em 1922, ela era especialista o suficiente para bater sete recordes em uma tarde em um encontro em Brighton Beach, Nova Iorque.

Nos Jogos Olímpicos de 1924, Gertrude Ederle ganhou duas medalhas individuais de bronze e uma de ouro como membro da equipe de revezamento freestyle. Antes de se tornar profissional em 1925, Ederle havia batido um total de 29 recordes nacionais e mundiais de amadores diferentes.

Em 1925, Ederle fez sua primeira tentativa, sem sucesso, de nadar no Canal da Mancha. Seu esforço bem sucedido no ano seguinte fez dela uma celebridade noturna, e Ederle fez uma turnê por algum tempo dando exposições de natação. Uma lesão vertebral em 1933 tornou necessário que ela usasse moldes para o corpo por quase quatro anos.

Ederle se recuperou, porém, e novamente nadou para o público. O recorde que ela estabeleceu para atravessar o Canal da Mancha manteve até 1950, quando foi quebrado por Florence Chadwick, outra nadadora americana. Ederle morreu em 30 de novembro de 2003, em Wyckoff, Nova Jersey.

Destaques

- Gertrude Ederle, em plena Gertrude Caroline Ederle, foi a primeira mulher a nadar (1925) no Canal da Mancha e uma das personagens esportivas americanas mais conhecidas dos anos 20.
- Ela foi uma das principais expoentes dos oito batimentos (oito chutes para cada braçada completa) e entre 1921 e 1925 obteve 29 recordes nacionais e mundiais de natação amadora.
- Nos Jogos Olímpicos de 1924 em Paris, ela foi membro da equipe americana que ganhou uma medalha de ouro no revezamento 4 × 100 metros livre.
- Em 1925 Ederle fez uma tentativa infrutífera de nadar no Canal da Mancha, mas no ano seguinte ela voltou à França para tentar novamente.
- Ederle, cuja audição estava permanentemente prejudicada enquanto alcançava seu triunfo no Canal da Mancha, tornou-se mais tarde instrutora de natação para crianças surdas.
- Gertrude Ederle foi admitida no Salão Internacional da Fama da Natação em 1965 e no Salão da Fama do Esporte Feminino em 1980.

Questões de pesquisa

---

1. Já lhe foi dito para ter cuidado e que o mundo era muito perigoso?
2. Qual é seu filme favorito, que contém mulheres destemidas?
3. O que você diria se alguém o descrevesse como sendo destemido e grande contra todas as probabilidades?

Maya Lin (nascida em 1959)

Escultor e arquiteto americano

"Eu não tinha ninguém com quem brincar, então eu inventei meu próprio mundo".

Maya Lin é uma escultora e arquiteta americana. Ela é mais conhecida por projetar o Memorial dos Veteranos do Vietnã em Washington, D.C., enquanto ainda é uma estudante universitária. Ela foi dedicada em 1982. Seu Memorial dos Direitos Civis foi revelado em Montgomery, Alabama, em 1989.

Maya Lin nasceu em 5 de outubro de 1959, em Atenas, Ohio. Seus pais eram chineses. Eles haviam deixado a China antes da tomada do poder pelo comunismo em 1949 e finalmente se estabeleceram em Ohio. Lá sua mãe ensinava literatura, e seu pai era o reitor de belas artes da Universidade de Ohio.

Enquanto Maya era estudante na Universidade de Yale, ela participou de um concurso para projetar um Memorial dos Veteranos do Vietnã. Seu projeto foi escolhido entre 1.420 inscrições. Consistia de um muro de granito preto inscrito com os nomes dos aproximadamente 58.000

americanos que morreram na Guerra do Vietnã ou que estavam desaparecidos em ação.

Este plano mínimo estava em nítido contraste com o formato tradicional de um memorial, que geralmente incluía uma escultura heróica. Alguns veteranos protestaram, dizendo que seu desenho não era apropriado. A controvérsia que se seguiu levou à colocação de uma escultura de bronze realista perto da entrada do local, além do memorial de Lin.

Depois de se formar em arquitetura em Yale, em 1981, Lin passou a fazer pós-graduação em arquitetura. Maya Lin estudou primeiro em Harvard e depois de volta a Yale. Lin obteve um mestrado e um doutorado em arquitetura em Yale em 1981 e 1986, respectivamente.

Em 1988 Lin concordou em projetar um monumento para o movimento de direitos civis em nome do Southern Poverty Law Center. Seu projeto consistia em dois elementos: uma parede de granito preto curvo e um grande disco. A parede está inscrita com uma citação de Martin Luther King, Jr. O disco traz as datas dos principais eventos da era dos direitos civis e os nomes de 40 pessoas que morreram na luta pela causa. A água flui suavemente sobre ambas as partes do memorial.

Os outros trabalhos de Lin variaram de pequenas esculturas e cenários a grandes instalações ambientais. Muitas de suas obras de arte foram inspiradas pelas características naturais e paisagísticas da Terra. Em uma série de "campos de ondas", por exemplo, ela remodelou o terreno coberto de grama para se assemelhar às ondas do oceano.

Entre suas outras obras em grande escala estavam uma escultura de pedra em Yale em comemoração à coeducação e um parque topiário na Carolina do Norte. Os projetos arquitetônicos de Lin incluíram projetos para a Biblioteca Langston Hughes (1999), em Clinton, Tennessee, e para o Museu da China na América (2009) na cidade de Nova York.

O filme de Freida Lee Mock e Terry Sanders sobre seu trabalho, Maya Lin: A Strong, Clear Voice, ganhou o Oscar de 1994 de melhor longa documental. Lin recebeu a Medalha Nacional das Artes em 2009 e a Medalha Presidencial da Liberdade em 2016.

Destaques

- Maya Lin formou-se em 1981 pela Universidade de Yale em New Haven, Connecticut, onde estudou arquitetura e escultura.
- Durante seu último ano, ela participou de uma competição nacional patrocinada pelo Fundo Memorial dos Veteranos do Vietnã para criar um projeto de monumento em homenagem àqueles que serviram e morreram naquela guerra.
- O projeto premiado de Lin consistia em uma parede de granito preto polido em forma de V, inscrita com os nomes de aproximadamente 58.000 homens e mulheres que foram mortos ou desaparecidos em ação.
- Muitas de suas obras de arte, desde pequenas esculturas expostas em galerias até grandes instalações ambientais, inspiraram-se nas características naturais e na paisagem da Terra.

Questões de pesquisa

---

1. Você conhece alguém que se agarrou a seus sonhos, não importa o que os outros pensavam?
2. Você tomou uma decisão que foi contra as normas esperadas em nossa sociedade?
3. Que mulher famosa inspirou você a ser destemida ao longo de sua vida?

Jane Goodall (nascida em 1934)

primatologista, etólogo e antropólogo britânico

"O mínimo que posso fazer é falar por aqueles que não podem falar por si mesmos".

A etóloga britânica Jane Goodall era mais conhecida por suas pesquisas excepcionalmente detalhadas e de longo prazo sobre os chimpanzés do Parque Nacional Gombe Stream na Tanzânia. Ao longo dos anos, ela foi capaz de corrigir uma série de mal-entendidos sobre estes animais.

Goodall nasceu em 3 de abril de 1934, em Londres, Inglaterra. Desde cedo se interessou pelo comportamento animal. Após deixar a escola aos 18 anos de idade, trabalhou como secretária e como assistente de produção cinematográfica até conseguir passagem para a África. Uma vez lá, Goodall começou a ajudar o paleontólogo e antropólogo Louis Leakey. Sua associação com Leakey levou-a eventualmente à criação, em junho de 1960, de um acampamento na Reserva de Caça Gombe Stream (hoje um parque nacional) para que ela pudesse observar o comportamento dos chimpanzés na região.

Em 1964 Goodall casou-se com uma fotógrafa holandesa que havia sido enviada em 1962 à Tanzânia para filmar seu trabalho (mais tarde se divorciaram). A Universidade de Cambridge concedeu a Goodall um

doutorado em etologia em 1965; ela era uma das poucas candidatas a receber um doutorado sem ter antes possuído um diploma de bacharelado. Exceto por curtos períodos de ausência, Goodall e sua família permaneceram em Gombe até 1975, muitas vezes dirigindo o trabalho de campo de outros candidatos a doutorado. Em 1977 ela cofundou o Jane Goodall Institute for Wildlife Research, Education, and Conservation na Califórnia. Mais tarde, o centro mudou sua sede para a área de Washington, D.C.. A Goodall também criou várias outras iniciativas, incluindo Jane Goodall's Roots & Shoots (1991), um programa de serviço à juventude.

Durante sua pesquisa, Goodall descobriu que os chimpanzés são onívoros, não vegetarianos, e que eles são capazes de fazer e usar ferramentas. Ela também descobriu que eles têm um conjunto de comportamentos sociais complexos e altamente desenvolvidos que antes não eram reconhecidos pelos humanos.

Destaques

- Jane Goodall, em plena Dama Jane Goodall, estava interessada no comportamento animal desde cedo, deixou a escola aos 18 anos de idade.
- Ela trabalhou como secretária e como assistente de produção cinematográfica até conseguir passagem para a África. Uma vez lá, Goodall começou a ajudar o paleontólogo e antropólogo Louis Leakey.
- A Universidade de Cambridge em 1965 concedeu a Goodall um Ph.D. em etologia; ela foi uma das poucas candidatas a receber um Ph.D. sem ter antes possuído um diploma de A.B.
- Goodall escreveu vários livros e artigos sobre vários aspectos de seu trabalho, notadamente In the Shadow of Man (1971).
- Goodall continuou a escrever e dar palestras sobre questões ambientais e de conservação no início do século 21.

Questões de pesquisa

---

1. Quando você encontrou pela primeira vez modelos fortes e femininos, como sua mãe ou professora?
2. Quem são as mulheres que você mais admira? Que qualidades lhe fazem lembrar delas?
3. Você consegue pensar numa história inspiradora de uma mulher que o inspira?

Mary Seacole (1805-1881)

Enfermeira e uma heroína da Guerra da Crimeia

"A menos que me seja permitido contar a história de minha vida à minha maneira, não posso contá-la de forma alguma".

A enfermeira jamaicana Mary Seacole cuidou dos soldados britânicos no campo de batalha durante a Guerra da Crimeia (1853-56). Os remédios para cólera e disenteria de Seacole foram particularmente valorizados.

Mary Jane Grant nasceu em 1805 em Kingston, Jamaica. Seu pai era um soldado escocês e sua mãe uma jamaicana negra livre que era hábil na medicina tradicional. Em 1836 Grant se casou com Edwin Horatio Seacole e, durante suas viagens às Bahamas, Haiti e Cuba, ela reuniu conhecimentos adicionais sobre remédios e tratamentos locais.

Após a morte de seu marido em 1844, Seacole adquiriu mais experiência de enfermagem durante uma epidemia de cólera no Panamá. Quando

Mary Seacole retornou à Jamaica, ela cuidou das vítimas da febre amarela, muitas das quais eram soldados britânicos.

Seacole estava em Londres, Inglaterra, em 1854, quando ouviu falar da falta de suprimentos e cuidados de enfermagem para os soldados na Guerra da Crimeia. Apesar de sua experiência, suas ofertas para ser enviada à frente para ajudar foram recusadas; ela atribuiu sua rejeição ao preconceito racial.

Em 1855 Mary Seacole fez seu próprio caminho até a Crimeia (agora na Ucrânia), criando o Hotel Britânico para vender alimentos, suprimentos e remédios para as tropas. Ela assistiu os feridos nos hospitais militares e as baixas na frente. No final da guerra, Mary Seacole voltou para a Inglaterra, pobre e doente.

Em 1857, a autobiografia de Seacole, Wonderful Adventures of Mrs. Seacole in Many Lands, foi publicada e se tornou um best-seller. Foram levantados fundos para reconhecer suas contribuições na Crimeia, e ela recebeu condecorações da França, Inglaterra, e Turquia. Mary Seacole morreu em 14 de maio de 1881, em Londres.

Destaques

- Em 1836 Mary Grant casou-se com Edwin Horatio Seacole, e durante suas viagens às Bahamas, Haiti e Cuba, ela aumentou seus conhecimentos sobre medicamentos e tratamentos locais.
- Após a morte de seu marido em 1844, ela ganhou mais experiência de enfermagem durante uma epidemia de cólera no Panamá e, após retornar à Jamaica, cuidou das vítimas da febre amarela, muitas das quais eram soldados britânicos.
- Apesar de sua experiência, suas ofertas para servir como enfermeira do exército foram recusadas, e ela atribuiu sua rejeição ao preconceito racial.
- Em 1855, com a ajuda de um parente de seu marido, ela foi para Crimea como sutler, montando o Hotel Britânico para vender alimentos, suprimentos e remédios para as tropas.

Questões de pesquisa

1. Qual foi o último conselho que sua mãe lhe deu antes de você sair para a escola ou para o trabalho?
2. Há alguma mulher na história que inspire a perseguir ou fazer algo extraordinário?
3. Qual é a melhor coisa que uma mulher pode fazer em tempos difíceis?

Jane Austen (1775-1817)

romancista inglês

"Devo aprender a me contentar em ser mais feliz do que mereço".

Através de seu retrato de pessoas comuns na vida cotidiana, Jane Austen deu ao gênero do romance seu caráter moderno. Ela começou a escrever em tenra idade. Aos 15 anos, Jane Austen escrevia peças e esboços para a diversão de sua família e, aos 21 anos, já havia começado a escrever romances que estão entre os melhores da literatura inglesa.

Jane Austen nasceu em 16 de dezembro de 1775, no presbitério de Steventon, um vilarejo em Hampshire, Inglaterra. Ela tinha seis irmãos e uma irmã. Seu pai, o Reverendo George Austen, era reitor do vilarejo. Embora ela e sua irmã tenham freqüentado brevemente várias escolas

diferentes, Jane foi educada principalmente por seu pai, que ensinou seus próprios filhos e vários alunos que se hospedaram com a família.

Seu pai se aposentou quando Jane Austen tinha 25 anos. Naquela época seus irmãos, dois dos quais mais tarde se tornaram almirantes, já tinham carreiras e famílias próprias. Jane, sua irmã Cassandra, e seus pais foram morar em Bath. Após a morte do pai em 1805, a família viveu temporariamente em Southampton antes de finalmente se estabelecer em Chawton.

Todos os romances de Jane Austen são histórias de amor. Entretanto, nem Jane nem sua irmã jamais se casaram. Há indícios de dois ou três romances na vida de Jane, mas pouco se sabe sobre eles, pois Cassandra destruiu todas as cartas de natureza pessoal após a morte de Jane. Os irmãos tinham famílias numerosas, e Jane era uma das favoritas com seus sobrinhos e sobrinhas.

Jane Austen escreveu dois romances antes de ter 22 anos. Estes ela revisou e publicou mais tarde como Sentido e Sensibilidade (1811) e Orgulho e Preconceito (1813). Ela completou seu terceiro romance, Northanger Abbey, quando tinha 27 ou 28 anos, mas só foi publicado depois de sua morte.

Jane Austen escreveu mais três romances em seus últimos 30 anos: Mansfield Park (1814), Emma (1816), e Persuasion (publicado junto com Northanger Abbey em 1818).

Austen escreveu sobre o mundo que ela conhecia. Seus romances retratam a vida da aristocracia e do clero da Inglaterra rural, e eles acontecem nas aldeias e bairros rurais, com uma visita ocasional a Bath e Londres. Seu mundo era pequeno, mas Jane Austen o via claramente e o retratava com inteligência e desapego. Ela descreveu sua escrita como "o pouco (dois centímetros de largura) de marfim no qual eu trabalho com um pincel tão fino, pois produz pouco efeito depois de muito trabalho".

Jane Austen morreu em 18 de julho de 1817, após uma longa doença. Ela passou as últimas semanas de sua vida em Winchester, perto de seu médico, e está enterrada na catedral de lá.

Destaques

- O primeiro de seus romances publicados durante sua vida, Sentido e Sensibilidade, foi iniciado por volta de 1795 como um romance em letras chamado "Elinor e Marianne", depois de suas heroínas. Enquanto isso, em 1811 Austen tinha começado Mansfield Park, que foi terminado em 1813 e publicado em 1814.
- De todos os romances de Austen, Emma é o mais consistente em tom cômico.
- A popularidade duradoura dos livros de Austen pode ser vista nas inúmeras adaptações cinematográficas e televisivas de seu trabalho.
- Orgulho e Preconceito foi notavelmente adaptado em um filme de 1940 estrelado por Greer Garson e Laurence Olivier, uma minissérie (1995) com Jennifer Ehle e Colin Firth, e um filme (2005) com Keira Knightley e Matthew Macfadyen.

Questões de pesquisa

---

1. Quem são suas mulheres favoritas na literatura?
2. O que você diria a uma mulher que acha que elas não são suficientes?
3. Que conselho você daria às meninas do mundo inteiro sobre ser destemidas e alcançar seus objetivos?

Coco Chanel (1883-1971)

Designer de moda francês

"O ato mais corajoso ainda é pensar por si mesmo". Em voz alta".

A estilista francesa Coco Chanel liderou o mundo da moda em Paris, França, por quase seis décadas. Seus desenhos elegantemente casuais inspiraram as mulheres a abandonar as roupas complicadas e desconfortáveis - como anáguas e espartilhos - que eram comuns no século XIX. Entre suas inovações agora clássicas estavam o terno sem gola, as calças com fundo de sino, as bijuterias e o "pequeno vestido preto".

Gabrielle Bonheur Chanel nasceu em 19 de agosto de 1883, em Saumur, França. Após a morte de sua mãe quando Chanel era jovem, seu pai a colocou em um orfanato. Depois de trabalhar brevemente como comerciante, Coco Chanel cantou por alguns anos em um café.

Em 1913, a Coco Chanel abriu uma pequena fábrica em Deauville, França. Lá ela também vendia roupas esportivas simples, tais como camisetas. Em

cinco anos, seus desenhos haviam atraído a atenção de mulheres ricas em busca de alívio dos estilos de constrangimento predominantes.

As roupas da Coco Chanel enfatizaram a simplicidade e o conforto e revolucionaram a indústria da moda. No final dos anos 20, as indústrias Chanel empregavam 3.500 pessoas e incluíam uma casa de moda, um negócio têxtil, laboratórios de perfumes e uma oficina para bijuterias.

Uma grande parte do império de Chanel girava em torno de Chanel No. 5, o perfume que ela introduziu em 1922. O perfume, uma combinação de jasmim e vários outros perfumes florais, era mais complexo e misterioso do que os perfumes com um único aroma então existentes no mercado.

Que Chanel foi a primeira grande designer de moda a introduzir um perfume e que ela usou um frasco simples e elegante também contribuiu para o sucesso do perfume. Uma parceria com os empresários que produziram e comercializaram sua fragrância a deixou com apenas uma pequena porcentagem dos royalties. Apesar de instigar uma série de ações judiciais, Coco Chanel não conseguiu recuperar o controle de sua fragrância de assinatura.

Chanel fechou sua casa de moda em 1939 com o início da Segunda Guerra Mundial, mas retornou em 1954. Após sua morte em 10 de janeiro de 1971, em Paris, sua casa de moda foi liderada por uma série de estilistas diferentes. Esta situação se estabilizou em 1983, quando Karl Lagerfeld se tornou designer-chefe.

Destaques

- Coco Chanel nasceu na pobreza no campo francês; sua mãe morreu, e seu pai a abandonou em um orfanato.
- Os desenhos elegantemente casuais da Coco Chanel inspiraram as mulheres da moda a abandonar as roupas complicadas e desconfortáveis - como anáguas e espartilhos - que prevaleciam no vestuário do século XIX.
- Após sua morte em 1971, a casa de alta costura de Chanel foi liderada por uma série de designers, sendo o mandato de Karl Lagerfeld (1983-2019) o mais longo e influente.

- A sagaz compreensão de Chanel sobre as necessidades da moda feminina, sua ambição empreendedora, e os aspectos românticos de sua vida - ela se eleva de trapos para riquezas e seus sensacionais assuntos amorosos - continua a inspirar numerosos livros biográficos, filmes e peças de teatro, incluindo o musical Coco da Broadway de 1970 estrelado por Katharine Hepburn.

Questões de pesquisa

---

1. Qual é uma das melhores lembranças que você tem que envolveu uma mulher que foi incrível?
2. Quem tem sido seu maior modelo de crescimento, e por quê?
3. Você já teve uma experiência em que a opinião de alguém é mais importante do que a sua, por causa do sexo ou da cor da pele ou algo mais que possa fazê-la parecer "menos humana"?

Frida Kahlo (1907-1954)

Pintor mexicano

"Eu não pinto sonhos ou pesadelos, eu pinto minha própria realidade".

A pintora mexicana Frida Kahlo criou auto-retratos intensos e brilhantemente coloridos, pintados em estilo primitivista. Ela se inspirou em sua herança mexicana e incorporou símbolos nativos e religiosos em sua obra. Frida Kahlo casou-se duas vezes com o artista Diego Rivera, que tanto encorajou como influenciou sua pintura.

Magdalena Carmen Frida Kahlo y Calderón nasceu em 6 de julho de 1907, em Coyoacán, México. Exceto por ter recebido treinamento artístico básico no estúdio de fotografia de seu pai e ter duas aulas enquanto estudante, ela foi autodidata como artista.

Em 1925, Frida Kahlo esteve envolvida em um acidente de ônibus que a feriu tão gravemente que se submeteu a cerca de três dúzias de operações. Durante sua lenta recuperação do trauma, Kahlo começou a

pintar. Kahlo mostrou seus primeiros esforços a Rivera, que ela conhecera alguns anos antes, e ele a incentivou a continuar pintando.

Quase metade das obras de Frida Kahlo são auto-retratos, nos quais ela explora sua identidade como mulher, como mexicana, e como artista. Por causa de seus contínuos problemas médicos, os retratos freqüentemente a retratam em agonia física.

Depois que Kahlo se casou com Rivera em 1929, ela viajou com ele por alguns anos nos Estados Unidos, onde ele havia recebido comissões por vários murais. Seu tempo nos Estados Unidos fortaleceu seu nacionalismo mexicano e, após retornar ao México, Frida Kahlo continuou a defender a identidade nacional e a cultura mexicana.

Frida Kahlo era politicamente ativa como comunista e deu refúgio ao líder soviético exilado Leon Trotsky no final da década de 1930. A relação de Kahlo e Rivera era intensa, complexa e tensa por muitas infidelidades. Eles se separaram em 1939, mas voltaram a se casar em 1941.

Em 1938, Kahlo conheceu André Breton, um dos principais surrealistas, que defendeu seu trabalho. Tanto Breton quanto Marcel Duchamp foram influentes na organização de algumas das exposições de seu trabalho nos Estados Unidos e na Europa. Embora Kahlo tenha sido identificada como uma surrealista, ela não aceitou esse rótulo.

Em 1943, Frida Kahlo foi nomeada professora de pintura na La Esmeralda, a Escola de Belas Artes do Ministério da Educação. Depois de sofrer de saúde precária durante anos por causa de seu acidente, Frida Kahlo morreu em 13 de julho de 1954, em Coyoacán.

O Diário de Frida Kahlo, cobrindo os anos de 1944-54, e As Cartas de Frida Kahlo foram ambos publicados em 1995. Frida, um filme sobre sua vida, foi lançado em 2002, com a atriz mexicana Salma Hayek retratando Kahlo.

Destaques

- Frida Kahlo, em plena Frida Kahlo de Rivera, nasceu de um pai alemão de ascendência húngara e de uma mãe mexicana de ascendência espanhola e indígena americana.

- Após sofrer um aborto espontâneo em Detroit e mais tarde a morte de sua mãe, Kahlo pintou algumas de suas obras mais crescentes.
- Em 1943 ela foi nomeada professora de pintura na La Esmeralda, a Escola de Belas Artes do Ministério da Educação.
- O Museu Frida Kahlo foi aberto ao público em 1958, um ano após a morte de Rivera.

Questões de pesquisa

---

1. O que você pensa sobre ter que viver de acordo com estereótipos e padrões todos os dias como uma menina ou mulher?
2. Que conselho você daria às jovens que querem atingir seus objetivos, mas que se sentem intimidadas pelas pessoas ao seu redor?
3. Qual mulher na história você acha que tem sido a mais corajosa?

Mary Anning (1799-1847)

Colector, comerciante e paleontólogo britânico de fósseis

"É grande e pesado, mas... é o primeiro e único descoberto na Europa".

A prolífica caçadora de fósseis inglesa e anatomista amadora Mary Anning é creditada com a descoberta de vários exemplares de dinossauros que ajudaram no desenvolvimento inicial da paleontologia. Suas escavações também ajudaram a carreira de muitos cientistas britânicos, fornecendo-lhes espécimes para estudar e enquadrar uma parte significativa da história geológica da Terra.

Alguns cientistas observam que os fósseis recuperados por Mary Anning também podem ter contribuído, em parte, para a teoria da evolução apresentada pelo naturalista inglês Charles Darwin.

Mary Anning nasceu em 21 de maio de 1799, em Lyme Regis, Dorset, Inglaterra. Ela foi uma das duas crianças sobreviventes nascidas de Richard Anning, marceneiro e colecionador de fósseis amador, e sua esposa, Mary Moore. A família contava com a venda de fósseis coletados em penhascos à beira-mar perto de sua casa ao longo da costa do Canal da Mancha, como uma fonte de renda.

Após a morte de Richard em 1810, a família dependia principalmente da caridade. Mary Anning, seu irmão, José, e sua mãe, que eram habilidosos coletores de fósseis, complementaram seus escassos recursos vendendo fósseis de invertebrados, tais como amonóides e belemnóides, a colecionadores e estudiosos.

Em 1817, os fósseis atraíram a atenção do colecionador de fósseis britânico Tenente-Coronel Thomas Birch, que ajudou financeiramente a família adquirindo uma série de espécimes. Mais tarde, ele leiloou sua coleção e doou os lucros para a família Anning durante um período particularmente desesperado em suas vidas.

Ao longo de sua vida, Mary Anning também descobriu os restos de vários grandes vertebrados incrustados nos penhascos de Lyme Regis. As falésias, que datam do final do Triássico ao início do Jurássico (cerca de 229 milhões a 176 milhões de anos atrás), uma época em que a área estava submersa e localizada mais perto da linha do Equador, contêm o calcário rico em fósseis e o xisto da formação Blue Lias.

Em 1810 seu irmão encontrou o primeiro espécime conhecido de Ictiossauro; entretanto, Mary Anning foi quem o escavou, e algumas fontes também lhe dão crédito pela descoberta. O médico britânico Everard Home descreveu o espécime logo em seguida em uma série de artigos.

Sua descoberta mais famosa ocorreu em 1824, quando ela descobriu o primeiro esqueleto intacto de Plesiossauro. O espécime era tão grande e bem conservado que atraiu a atenção do zoólogo francês Georges Cuvier, que duvidou da descoberta até ver os desenhos do espécime em um trabalho do geólogo e paleontólogo inglês William Daniel Conybeare.

Após Cuvier autenticar a descoberta, a comunidade científica começou a reconhecer o valor paleontológico dos fósseis recuperados por Anning e sua família.

As notícias das escavações fósseis de Anning fizeram dela uma celebridade e fizeram com que paleontólogos, colecionadores e turistas descessem em Lyme Regis para comprar dela. Mary Anning continuou a recuperar outros esqueletos de Ictiossauros e plesiossauros dos penhascos. Ela descobriu um pterossauro em 1828, que ficou conhecido como Pterodactylus (ou Dimorphodon) macronyx. Foi o primeiro espécime de pterossauro encontrado fora da Alemanha.

Em 1829 Mary Anning escavou o esqueleto de Squaloraja, um peixe fóssil que se pensava ser membro de um grupo de transição entre tubarões e arraias.

Anning ensinou a si mesma geologia, anatomia, paleontologia e ilustração científica. Apesar de sua falta de treinamento científico formal, suas descobertas, conhecimento da área local e habilidade em classificar fósseis no campo lhe renderam uma reputação entre os homens da paleontologia e, em grande parte, entre os de classe alta.

Suas expedições posteriores de caça às vezes incluíam cientistas famosos da época, incluindo o geólogo e ministro britânico William Buckland e o anatomista e paleontólogo britânico Richard Owen, que propôs o termo Dinosauria em 1842. Anning também correspondia e vendia fósseis para outros cientistas importantes, como Cuvier e o geólogo inglês Adam Sedgwick.

No entanto, Anning não recebeu o crédito total por muitos dos fósseis que ela escavou. Os colecionadores que doavam espécimes a instituições tendiam a ser creditados com sua descoberta.

Dos muitos espécimes que Mary Anning encontrou e recuperou, vários foram descritos em jornais de prestígio sem sequer uma menção de seu nome. No entanto, alguns cientistas famosos da época, como o geólogo britânico Henry De la Beche e o paleontólogo britânico Gideon Mantell, a reconheceram em seu trabalho.

No final de sua vida, Anning recolheu anuidades da Associação Britânica para o Progresso da Ciência e da Sociedade Geológica de Londres, que foram criadas em reconhecimento a suas contribuições à ciência. Após sua morte, o presidente da Sociedade Geológica a elogiou em seu discurso anual, mesmo que as primeiras mulheres não fossem admitidas na organização até 1904.

Em 2010 Anning foi reconhecida pela Royal Society como uma das 10 mulheres cientistas mais influentes da história britânica. Mary Anning morreu em 9 de março de 1847, em Lyme Regis.

Destaques

- Mary Anning foi uma prolífica caçadora de fósseis inglesa e anatomista amadora creditada com a descoberta de vários exemplares de dinossauros que ajudaram no desenvolvimento inicial da paleontologia.
- As notícias das escavações fósseis de Anning fizeram dela uma celebridade e fizeram com que paleontólogos, colecionadores e turistas descessem em Lyme Regis para comprar dela.
- Mary Anning descobriu um pterossauro em 1828, que ficou conhecido como Pterodactylus (ou Dimorphodon) macronyx. Foi o primeiro espécime de pterossauro encontrado fora da Alemanha.
- Em 1829 ela escavou o esqueleto de Squaloraja, um peixe fóssil pensado como membro de um grupo de transição entre tubarões e arraias.
- Suas escavações ajudaram a carreira de muitos cientistas britânicos, fornecendo-lhes espécimes para estudar e emoldurar uma parte significativa da história geológica da Terra.

Questões de pesquisa

---

1. Que conselho tem sido inestimável em sua vida?
2. Se você fizesse um discurso para as pessoas sobre como você venceu o medo, o que diria?

3. Quem são algumas das pessoas que impactaram profundamente nossa sociedade através de suas realizações destemidas e que corajosamente fizeram mudanças importantes no mundo ao seu redor?

Amelia Earhart (1897-1937)

Aviador americano

"As mulheres devem tentar fazer as coisas como os homens tentaram fazer". Quando elas falham, seu fracasso não deve ser senão um desafio para os outros".

Amelia Earhart foi a primeira mulher - e a segunda pessoa - a voar sozinha através do Oceano Atlântico. Seu desaparecimento durante um vôo ao redor do mundo em 1937 permaneceu um mistério no século 21.

Amelia Mary Earhart nasceu em 24 de julho de 1897, em Atchison, Kansas. Seu pai era advogado ferroviário e sua mãe provinha de uma família rica. Quando criança, Earhart era aventureira e independente.

Após a morte de seus avós, a família lutou financeiramente e se mudou com freqüência. Amelia Earhart completou o ensino médio em Chicago, Illinois, em 1916. Depois que sua mãe recebeu sua herança, Earhart freqüentou a Escola Ogontz para meninas em Rydal, Pennsylvania.

Entretanto, durante uma visita a sua irmã no Canadá, ela desenvolveu um interesse em cuidar de soldados feridos na Primeira Guerra Mundial. Em 1918 ela deixou a escola para se tornar ajudante de enfermeira em Toronto, Ontário.

Após a guerra, ela entrou no programa premeditado da Universidade de Columbia, em Nova York, Nova York. Amelia Earhart partiu em 1920 depois que seus pais insistiram que ela morasse com eles na Califórnia. Nesse mesmo ano, ela fez sua primeira viagem de avião.

A experiência a levou a ter aulas de vôo. Em 1921, Amelia Earhart comprou seu primeiro avião, um Kinner Airster. Dois anos depois, ela ganhou sua licença de piloto. Em meados da década de 1920, Earhart mudou-se para Massachusetts, onde se tornou assistente social para imigrantes em Boston. Earhart também continuou a perseguir seu interesse pela aviação.

No final da década de 1920, os promotores procuraram ter uma mulher voando através do Oceano Atlântico. Em abril de 1928, Earhart foi selecionado para o vôo. Em 17 de junho ela partiu de Trepassey, Newfoundland, Canadá, como passageira em um hidroavião. (Wilmer Stultz e Louis Gordon eram os pilotos).

Após o desembarque no Burry Port, País de Gales, em 18 de junho, Earhart se tornou uma celebridade internacional. Amelia Earhart escreveu sobre o vôo em 20 Hrs. 40 Min. (1928) e deu uma palestra em todos os Estados Unidos.

O editor George Palmer Putnam tinha ajudado a organizar o vôo histórico e lidado com a publicidade. O casal se casou em 1931, mas Earhart continuou sua carreira sob seu nome de solteira. Naquele ano Earhart também pilotou um autogiro (uma forma precoce de helicóptero) a uma altitude recorde de 18.415 pés (5.613 metros).

Em 20-21 de maio de 1932, Earhart fez um vôo solo sobre o Atlântico em seu avião Lockheed Vega. Ela partiu de Harbour Grace, Newfoundland, e chegou em Londonderry, Irlanda do Norte. Earhart completou o vôo em um tempo recorde de 14 horas e 56 minutos, apesar de uma série de problemas.

Amelia Earhart notadamente experimentou dificuldades mecânicas e mau tempo e não pôde pousar em seu destino programado de Paris, França. Depois publicou The Fun of It (1932), no qual ela escreveu sobre sua vida e seu interesse em voar. Earhart então realizou uma série de vôos através dos Estados Unidos.

Amelia Earhart estava muito interessada no desenvolvimento da aviação comercial e assumiu um papel ativo na abertura do campo para as mulheres. Durante algum tempo, Earhart serviu como vice-presidente da Ludington Airlines, que operou um dos primeiros serviços regulares de passageiros entre Nova York e Washington, D.C.

Em 1929 Amelia Earhart ajudou a fundar uma organização de mulheres pilotos que mais tarde ficou conhecida como as noventa e nove. Earhart serviu como sua primeira presidente. Além disso, ela estreou uma linha de roupas para mulheres em 1933.

Em 1935, Amelia Earhart fez história com o primeiro vôo solo do Havaí para a Califórnia. A rota perigosa tinha 2.408 milhas (3.875 quilômetros) de comprimento, uma distância maior do que a dos Estados Unidos para a Europa.

Amelia Earhart partiu de Honolulu em 11 de janeiro e pousou em Oakland no dia seguinte. O vôo demorou 17 horas e 7 minutos. Mais tarde naquele ano, ela se tornou a primeira pessoa a voar sozinha de Los Angeles, Califórnia, para a Cidade do México, México.

Em 1937 Earhart partiu para voar ao redor do mundo em uma viagem de 29.000 milhas (47.000 quilômetros). Fred Noonan era seu navegador, e eles voaram em um bimotor Lockheed Electra. Em 1º de junho, a equipe partiu de Miami, Flórida, em direção ao leste. Durante as semanas seguintes, fizeram várias paradas para reabastecimento. Eles finalmente chegaram a Lae, Nova Guiné, em 29 de junho. Naquele momento os dois haviam viajado cerca de 22.000 milhas (35.000 quilômetros).

Amelia Earhart e Noonan partiram da Nova Guiné em 2 de julho. Dirigiram-se para a ilha Howland, a aproximadamente 4.200 quilômetros de distância. O minúsculo atol de coral era difícil de localizar, então dois navios americanos bem iluminados foram estacionados para marcar a rota.

Amelia Earhart também esteve em contato via rádio com o Itasca, um cortador da Guarda Costeira dos Estados Unidos perto de Howland. No final da viagem, Earhart comunicou via rádio que o avião estava ficando sem combustível. Cerca de uma hora depois ela anunciou: "Estamos correndo para o norte e para o sul". Essa foi a última transmissão recebida pelo Itasca.

O pessoal de apoio acreditava que o avião descia a cerca de 160 km da ilha. Uma extensa busca foi realizada para encontrar Earhart e Noonan. No entanto, em 19 de julho de 1937, a operação foi cancelada, e o par foi declarado perdido no mar.

Durante toda a viagem, Amelia Earhart havia enviado a seu marido vários materiais, inclusive cartas e diários. Estes foram publicados em Last Flight (1937).

O misterioso desaparecimento de Earhart capturou a imaginação do público e gerou inúmeras teorias e reivindicações. Alguns acreditavam que Earhart e Noonan haviam caído em uma ilha diferente depois de não conseguirem localizar Howland. Outros sugeriram que os japoneses os capturaram. Entretanto, nenhuma evidência conclusiva foi encontrada para tais reivindicações.

A maioria dos especialistas acredita que o avião de Earhart caiu no Pacífico, perto de Howland, após ficar sem combustível. Amelia Earhart tornou-se o tema de inúmeros livros e filmes.

Destaques

- Amelia Earhart, em pleno Amelia Mary Earhart, (nascida em 24 de julho de 1897, Atchison, Kansas, EUA - desapareceu em 2 de julho de 1937, perto da ilha Howland, no centro do Oceano Pacífico), aviadora americana, uma das mais famosas do mundo, que foi a primeira mulher a voar sozinha através do Oceano Atlântico.
- Seu desaparecimento durante um vôo ao redor do mundo em 1937 tornou-se um mistério duradouro, alimentando muita especulação.
- O pai de Earhart era advogado ferroviário e sua mãe provinha de uma família abastada.

- Determinada a justificar a fama que sua travessia de 1928 a havia trazido, Earhart cruzou o Atlântico sozinha em 20-21 de maio de 1932.
- Seu vôo em seu Lockheed Vega de Harbour Grace, Newfoundland, para Londonderry, Irlanda do Norte, foi completado em um tempo recorde de 14 horas e 56 minutos, apesar de uma série de problemas.
- O misterioso desaparecimento de Earhart capturou a imaginação do público e gerou inúmeras teorias e reivindicações.
- Notavelmente, alguns acreditavam que ela e Noonan haviam caído em uma ilha diferente depois de não conseguirem localizar Howland, e outros afirmavam que haviam sido capturados pelos japoneses.
- Entretanto, não foi encontrada nenhuma prova definitiva para tais reivindicações.
- A maioria dos especialistas acredita que o avião de Earhart caiu no Pacífico, perto de Howland, após ficar sem combustível.
- Um marco na cultura popular, ela foi tema de numerosos livros e filmes.

Questões de pesquisa

---

1. Quais são as três qualidades que compõem uma heroína feminina?
2. Se você fosse contar a sua melhor amiga sobre uma mulher ou menina inspiradora, quem seria e por que elas?
3. Como você definiria "poder feminino"?

Emmeline Pankhurst (1858-1928)

Ativista político britânico

"Prefiro ser um rebelde do que um escravo".

O líder militante britânico Emmeline Pankhurst lutou durante 40 anos para conseguir direitos de voto iguais para homens e mulheres na Inglaterra. Sua filha Christabel Harriette Pankhurst (1880-1958) também foi proeminente no movimento de sufrágio feminino.

Emmeline Goulden nasceu em 14 de julho de 1858, em Manchester, Eng. Ela casou-se com Richard Marsden Pankhurst em 1879. Ele foi um advogado proeminente e autor do primeiro projeto de lei de sufrágio feminino na Grã-Bretanha e dos atos de propriedade das mulheres casadas de 1870 e 1882. Em 1889 ela fundou a Liga de Franquias Femininas, que conquistou para as mulheres casadas o direito de voto nas eleições para os escritórios locais.

A partir de 1895, Emmeline Pankhurst realizou uma sucessão de escritórios municipais em Manchester. Lá, em 1903 Pankhurst cofundou com Christabel a União Social e Política das Mulheres (WSPU). A

organização ganhou grande atenção dois anos depois quando Christabel e outra membro, Annie Kenney, foram presas por agressão à polícia e, depois de se recusarem a pagar multas, foram mandadas para a prisão.

Desde 1906 Emmeline Pankhurst dirigiu as atividades da WSPU a partir de Londres. Pankhurst acreditava que o governo liberal no poder estava impedindo o sufrágio das mulheres, então ela fez campanha contra os candidatos do partido nas eleições. Seus seguidores se juntaram à luta, interrompendo as reuniões de ministros do Gabinete. Em 1908-09, Pankhurst foi preso três vezes. Ela declarou uma trégua em 1910, mas ela foi quebrada quando o governo bloqueou um projeto de lei de "conciliação" sobre o sufrágio feminino.

A partir de julho de 1912, a WSPU passou à militância extrema, principalmente sob a forma de fogo posto dirigido por Christabel de Paris, onde ela havia ido para evitar a prisão por conspiração. A própria Emmeline Pankhurst foi presa, libertada e rearmada 12 vezes no prazo de um ano sob um ato que deixava os prisioneiros grevistas de fome livres por um tempo para recuperar sua saúde antes de ser reencarcerada.

Quando a Primeira Guerra Mundial começou em 1914, ela e Christabel cancelaram a campanha de sufrágio, e o governo libertou todos os prisioneiros sufragistas. A autobiografia de Emmeline Pankhurst, My Own Story, apareceu nesse mesmo ano.

Anteriormente à guerra, Pankhurst havia feito três viagens aos Estados Unidos para dar uma palestra sobre o sufrágio feminino. Ela voltou durante os anos da guerra, visitando os Estados Unidos, Canadá e Rússia para incentivar a mobilização industrial das mulheres.

Emmeline Pankhurst viveu nos Estados Unidos, Canadá e Bermudas até 1926, quando retornou à Inglaterra. Lá Pankhurst foi escolhida como candidata conservadora para um círculo eleitoral do leste de Londres, mas sua saúde falhou antes de poder ser eleita. A Lei de Representação do Povo de 1928, dando igual sufrágio a homens e mulheres, foi aprovada algumas semanas após sua morte, que ocorreu em 14 de junho de 1928, em Londres.

Destaques

- Em 1879 Emmeline Goulden casou-se com Richard Marsden Pankhurst, advogado, amigo de John Stuart Mill, e autor da primeira lei de sufrágio feminino na Grã-Bretanha (final dos anos 1860) e dos atos de propriedade das mulheres casadas (1870, 1882).
- Ela fundou a Liga das Mulheres Franqueadas, que garantiu (1894) às mulheres casadas o direito de voto nas eleições para os cargos locais (não para a Câmara dos Comuns).
- A partir de 1895 ela ocupou uma sucessão de escritórios municipais em Manchester, mas suas energias eram cada vez mais procuradas pela União Social e Política das Mulheres (WSPU), que ela fundou em 1903 em Manchester.
- Em 1926, ao retornar à Inglaterra, ela foi escolhida como candidata conservadora para um círculo eleitoral do leste de Londres, mas sua saúde falhou antes que ela pudesse ser eleita.
- A autobiografia de Pankhurst, My Own Story, apareceu em 1914.

Questões de pesquisa

---

1. O que é um filme inspirador com uma protagonista feminina que mostra coragem, bravura e é verdadeiramente digno de admiração?
2. Conte-nos sobre um período particularmente difícil que você teve que suportar e como se deu?
3. Qual mulher merece mais atenção por ser inteligente, destemida e poderosa?

Anne Frank (1929-1945)

Diarista germano-holandês

"Como é maravilhoso que ninguém precise esperar um único momento antes de começar a melhorar o mundo".

Uma das mais famosas vítimas judaicas do Holocausto, Anne Frank escreveu um dos relatos mais poderosos da vida judaica do mundo durante a Segunda Guerra Mundial. Embora o diário de Anne não pertencesse diretamente ao Holocausto, seus leitores conheceram pessoalmente uma das milhões de vítimas judaicas da perseguição nazista, e o imenso horror e tragédia do Holocausto foi transformado em um evento pessoal.

Anne (Annelies) Marie Frank nasceu em 12 de junho de 1929, em Frankfurt, Alemanha, de Otto e Edith Frank, ambos provenientes de respeitadas famílias judaicas alemãs.

Anne Frank e sua irmã mais velha Margot cresceram em uma Alemanha cada vez mais hostil aos judeus, e a hostilidade piorou quando o partido nacional-socialista anti-judeu liderado por Adolf Hitler chegou ao poder em 1933.

Percebendo que a situação para os judeus na Alemanha estava se tornando perigosa, Otto Frank foi para a Holanda para criar uma filial da empresa de seu irmão, a Dutch Opekta Company, na cidade de Amsterdã.

A família de Otto Frank juntou-se a ele logo depois e, em meados dos anos 30, os Francos tinham se estabelecido em uma existência relativamente feliz, livre de perseguição por sua herança judaica. Anne Frank rapidamente se adaptou à vida no novo país e desenvolveu muitas amizades com crianças judias e não judias.

Em 1939, a paz desconfortável na Europa foi abalada quando as forças militares alemãs começaram a invadir outros países europeus. A Segunda Guerra Mundial havia começado. Em maio de 1940, a Holanda se rendeu à Alemanha e foi rapidamente colocada sob o domínio da ocupação alemã.

A Holanda não podia mais proteger sua população judia da perseguição nazista, e a administração nazista ocupante emitiu decretos anti-judaicos cada vez mais severos para isolar os judeus do resto da população holandesa. Todos os judeus tinham que registrar seus negócios e mais tarde entregá-los a não-judeus.

Otto Frank entregou seus negócios a seus colegas não judeus, Victor Kugler e Johannes Kleiman. Em 1941, Anne e Margot não podiam mais freqüentar a escola com não-judeus. Em 1942, todos os judeus com 6 anos ou mais eram obrigados a usar uma estrela amarela de David em suas roupas para marcá-los como judeus. Logo, os judeus holandeses estavam sendo reunidos e deportados para o campo prisional de Westerbork, no norte da Holanda.

Enquanto isso, Otto Frank estava preparando os andares superiores do anexo posterior anexado ao seu escritório como um lugar secreto onde sua família poderia se esconder dos funcionários e simpatizantes nazistas e escapar da deportação para os campos de prisão trabalhistas.

Ele havia solicitado a ajuda de Kugler e Kleiman, bem como dos funcionários de escritório Miep Gies, Jan Gies e Bep Voskuijl para mantê-los escondidos durante a ocupação nazista. Quando Margot recebeu um aviso de deportação em 5 de julho de 1942, a família foi imediatamente para o esconderijo. Uma semana depois, o parceiro de negócios judeu de Otto, Hermann van Pels, sua esposa Auguste e seu filho Peter, e em novembro, Fritz Pfeffer, juntaram-se aos Franks.

Através da turbulência social da ocupação nazista, Anne Frank tentou continuar com sua vida como sempre, mas sentiu profundamente a discriminação e o isolamento impostos a si mesma e aos outros judeus. Quando os pais de Anne deram à menina solitária um diário para o seu 13º aniversário, ela ficou emocionada e começou a escrever nele imediatamente.

O diário, que ela chamou de Kitty, deveria se tornar uma das memórias mais pungentes da vida judaica durante a Segunda Guerra Mundial na Europa ocupada.

Durante mais de dois anos, os esconderijos do anexo compartilharam um espaço confinado e viveram sob o pavor constante da detecção por parte dos nazistas. Uma estante articulada era tudo o que separava os ocupantes do anexo do mundo exterior, e foi por esta porta que Miep e Bep passaram comida escassa e notícias para as oito pessoas.

Apesar dos desconfortos, eles tentaram levar uma vida o mais normal possível. Para Anne, Margot e Peter, isto significava estudar e fazer os deveres de casa. Durante os anos em que se escondeu, Anne Frank evoluiu de uma menina para uma adolescente que abrigava uma profundidade e complexidade incomuns, e seu diário tornou-se sua melhor amiga e confidente.

Anne Frank descreveu os altos e baixos da vida cotidiana escondida e foi franca sobre os outros e invulgarmente honesta sobre as mudanças em si mesma. Ela escreveu algumas de suas anotações no diário em pequenas histórias, e reescreveu uma grande parte de seu diário de março a agosto de 1944, após aprender de uma transmissão da Rádio Holandesa Livre que seu diário poderia ser de interesse histórico para os outros.

As entradas do diário retratavam a adolescente Anne como uma garota inteligente, de espírito livre, com um grande interesse pelos meninos e pelo cinema, que permaneceu otimista e ousou sonhar sonhos glamourosos apesar de seu doloroso confinamento.

Com o progresso de 1944, os ocupantes do anexo tornaram-se cada vez mais esperançosos de que a derrota das potências do Eixo estava próxima e sonhavam em voltar a uma vida normal. Mas em 4 de agosto de 1944, um policial nazista e vários colaboradores holandeses invadiram o anexo após receberem uma dica de um informante. Os residentes do anexo secreto foram presos e enviados para Westerbork; um mês depois, eles estavam no último transporte a deixar Westerbork para o campo de concentração de Auschwitz na Polônia. A Sra. Frank morreu de fome em Auschwitz.

Em outubro, Anne e Margot Frank foram transportadas de Auschwitz para o campo de concentração Bergen-Belsen no noroeste da Alemanha. Lá, as irmãs logo contraíram tifo, e as duas morreram dentro de semanas uma da outra em março de 1945, um mês antes de o campo ser liberado pelas tropas Aliadas. Otto Frank foi o único residente do anexo a sobreviver ao Holocausto.

Os cadernos de Anne foram encontrados espalhados no chão do esconderijo vazio por Miep Gies e Bep Voskuijl após a incursão. Miep manteve o diário na esperança de devolvê-lo ao seu dono, mas o entregou a Otto quando soube que Anne havia morrido. Seguindo a sugestão de amigos, Otto decidiu publicar o diário de Anne, e em 1947, o diário - sob o título Het Achterhuis (O Anexo Secreto, o título que Anne havia escolhido ela mesma) - foi publicado na Holanda. Eventualmente, o diário foi traduzido em mais de 55 idiomas (título em inglês: The Diary of a Young Girl) e se tornou um dos livros mais lidos no mundo.

A popularidade e a ressonância emocional do diário de Anne Frank levou até mesmo a uma dramática interpretação dos eventos registrados no diário. Uma produção teatral de sucesso da peça premiada com o Pulitzer, O Diário de Anne Frank, estreou em 1955, e uma adaptação cinematográfica da peça foi lançada em 1959.

Em 1957, quando a demolição do anexo secreto estava iminente, vários cidadãos proeminentes de Amsterdã criaram a Fundação Anne Frank para preservar o anexo em Prinsengracht 263. A casa foi transformada em um museu conhecido como a Casa Anne Frank.

No 50º aniversário de sua morte, Anne Frank tornou-se o tema de atenção pública renovada. O Anne Frank Educational Trust iniciou a realização de um filme para comemorar sua vida e morte. O resultado foi o documentário premiado pela Academia Anne Frank Remembered (1995), que conta a história da família Frank e apresenta um retrato tridimensional de Anne através de entrevistas com os amigos e colegas de escola de Anne Frank e filmagens de arquivo nunca antes vistas.

Em 1995, uma edição definitiva do diário de Anne Frank, que incluía trechos deixados de fora da versão original, foi publicada pela Doubleday. O interesse público contínuo pela vida e morte trágica de Anne Frank foi uma prova de seu legado duradouro de esperança e humanidade diante do medo e do mal.

Destaques

- Em 12 de junho de 1942, Anne Frank, em plena Annelies Marie Frank, recebeu um diário vermelho e branco em xadrez por seu 13º aniversário.
- Amigos que revistaram o esconderijo após a captura da família mais tarde deram a Otto Frank os papéis deixados para trás pela Gestapo.
- Entre eles ele encontrou o diário de Anne, que foi publicado como Anne Frank: The Diary of a Young Girl (originalmente em holandês, 1947).
- O Diário, que foi traduzido em mais de 65 idiomas, é o diário mais lido do Holocausto, e Anne é provavelmente a mais conhecida das vítimas do Holocausto.
- O Diário também foi transformado em uma peça que estreou na Broadway em outubro de 1955, e em 1956 ganhou tanto o Prêmio Tony de melhor peça quanto o Prêmio Pulitzer de melhor drama.

Questões de pesquisa

1. Quais são algumas mulheres inspiradoras que são subestimadas na história?
2. Nomear uma mulher corajosa e destemida para fazer o que achava certo (perdoe o momento atual por falta de justiça)
3. Que qualidades fazem de alguém uma mulher de todo o mundo um mauzão?

Seu Presente

Você tem um livro em suas mãos.

Não é um livro qualquer, é um livro de livros para a imprensa estudantil! Nós escrevemos sobre os heróis negros, a capacitação das mulheres, mitologia, filosofia, história, e outros assuntos interessantes!

Desde que você comprou um livro, queremos que você tenha outro de graça.

Tudo o que você precisa é um endereço de e-mail e a possibilidade de assinar nossa newsletter (o que significa que você pode cancelar a inscrição a qualquer momento).

Então, do que você está esperando? Inscreva-se hoje e reclame seu livro gratuito imediatamente! Tudo o que você precisa fazer é visitar o link abaixo e digitar seu endereço de e-mail. Você receberá o link para baixar a versão em PDF do livro imediatamente para que possa ser lido offline a qualquer momento.

E não se preocupe - não há taxas de captura ou escondidas; apenas um bom brinde à moda antiga de nós aqui na Student Press Books.

Visite este link agora mesmo e inscreva-se para receber seu exemplar gratuito de um de nossos livros!

Link: https://campsite.bio/studentpressbooks

Livros

Nossos livros estão disponíveis em todos os principais revendedores de livros on-line. Confira os pacotes digitais de nossos livros aqui: https://payhip.com/studentPressBooksPTBR

A série de livros História da Negritude

Bem-vindo à série de livros História da Negritude. Conheça negros que são exemplos de conduta com estas biografias inspiradoras sobre negros inovadores da América, África e Europa. Todos nós sabemos que a História da Negritude é importante, mas pode ser difícil encontrar boas fontes.

Muitos de nós estamos familiarizados com uma desconfiança habitual em relação aos livros de cultura e história que apenas apresentam personagens muito populares, mas estes livros também apresentam heróis negros menos conhecidos e heroínas do mundo inteiro cujas histórias merecem ser contadas. Estes livros de biografia o ajudarão a entender melhor como o sofrimento e as ações das pessoas moldaram seus países e comunidades para gerações futuras.

Títulos disponíveis:

1. 21 Heróis Negros Inspiradores: A vida de Realizadores Importantes do século 20: Martin Luther King Jr., Malcolm X, Bob Marley & Outros
2. 21 Heroínas Negras Excepcionais: História de Negras Importantes do Século 20: Daisy Bates, Maya Angelou & Outras

A série de livros Empoderamento Feminino.

Bem-vindo à série de livros Empoderamento Feminino. Aprenda sobre modelos femininos destemidos dos tempos modernos com estas biografias inspiradoras de homens e mulheres inovadoras do mundo inteiro. O empoderamento feminino é um tópico importante que merece mais atenção do que recebe. Durante séculos foi dito às mulheres que seu lugar é no lar, mas isto nunca foi verdade para todas as mulheres ou mesmo para a maioria delas.

As mulheres ainda estão sub representadas nos livros de história e as que são apresentadas tendem a ser relegadas a algumas páginas. No entanto, a história está repleta de histórias de mulheres fortes, inteligentes e independentes que superaram obstáculos e mudaram o curso da história simplesmente porque queriam viver suas próprias vidas.

Estes livros biográficos o inspirarão enquanto também ensinam lições valiosas sobre perseverança e superação de adversidades! Aprenda com estes exemplos que tudo é possível se você trabalhar duro o suficiente para isso!

Títulos disponíveis:

1. 21 Mulheres Excepcionais: A vida de Lutadores pela Liberdade e Rompedoras de Barreiras: Angela Davis, Marie Curie, Jane Goodall & Outras
2. 21 Mulheres Inspiradoras: A Vida de Mulheres Corajosas e Influentes do Século 20: Kamala Harris, Madre Teresa & Mais
3. 21 Mulheres Fantásticas: A Vida Inspiradora de Artistas Criativas do Século 20: Madonna, Yayoi Kusama & Mais
4. 21 Mulheres Incríveis: As Vidas Influentes de Mulheres Ousadas na Ciência do Século 20

A série de livros dos Líderes Mundiais.

Bem-vindo à série de livros dos Líderes Mundiais. Descubra os modelos de conduta reais e presidenciais do Reino Unido, EUA e outros países. Com estas biografias inspiradoras sobre as famílias reais, presidentes e chefes de estado você aprenderá sobre as pessoas corajosas que ousaram liderar, incluindo citações, fotos e fatos raros.

As pessoas são fascinadas pela história e pela política e por aqueles que a moldaram. Estes livros apresentam novas perspectivas sobre a vida de figuras notáveis. Esta série é perfeita para qualquer um que queira aprender mais sobre os grandes líderes de nosso mundo; jovens leitores ambiciosos e adultos que gostam de ler sobre pessoas interessantes.

Títulos disponíveis:

1. Os 11 Membros da Realeza Britânica: A Biografia da Casa de Windsor: Rainha Elizabeth II e Príncipe Philip, Harry e Meghan, e Outros
2. Os 46 Presidentes dos Estados Unidos: Suas Histórias, Conquistas e Legados: De George Washington a Joe Biden
3. Os 46 Presidentes dos Estados Unidos: Suas Histórias, Conquistas e Legados - Edição Estendida

A série de livros de Mitologia Cativante.

Bem-vindo à série de livros de Mitologia Cativante. Conheça os Deuses e Deusas do Egito e da Grécia, as divindades nórdicas e outras criaturas mitológicas.

Quem são estes antigos deuses e deusas? O que sabemos sobre eles? Quem realmente eram? Por que as pessoas os adoravam nos tempos antigos e de onde vinham esses deuses?

Estes livros apresentam novas perspectivas sobre os deuses antigos que inspirarão os leitores a compreender seu lugar na sociedade e aprender sobre a história. Estes livros de mitologia também abordam tópicos que a influenciaram a religião, literatura e arte, através de um formato envolvente com fotos ou ilustrações atraentes.

Títulos disponíveis:

1. Egito Antigo: Um Guia para os Misteriosos Deuses e Deusas Egípcias: Amun-Ra, Osiris, Anubis, Horus & Outros
2. Grécia Antiga: Um Guia dos Deuses Gregos Clássicos, Deusas, Deidades, Titãs e Heróis: Zeus, Poseidon, Apollo & Outros
3. Antigos Contos Nórdicos: Descubra os Deuses, Deusas e Gigantes dos Vikings: Odin, Loki, Thor, Freya & Outros

A série de livros de Teoria Simples.

Bem-vindo à série de livros Teoria Simples. Conheça a Filosofia, as ideias de filósofos antigos e outras teorias interessantes. Estes livros apresentam as biografias e ideias dos filósofos mais populares de lugares como a Grécia antiga e a China.

A filosofia é um assunto complexo e muitas pessoas lutam para entender até mesmo o básico dela. Estes livros são projetados para ajudá-lo a aprender mais sobre filosofia e são originais por causa de sua abordagem simples. Nunca foi tão fácil ou mais divertido obter uma maior compreensão da filosofia do que com estes livros. Além disso, cada livro também inclui perguntas para que você possa se aprofundar em seus próprios pensamentos e opiniões!

Títulos disponíveis:

1. Filosofia Grega: As Vidas e Ideias dos Filósofos da Grécia Antiga : Sócrates, Platão, Pitágoras e outros
2. Ética e Moralidade: Filosofia Moral, Bioética, Desafios Médicos e Filósofos Afins

A série de livros "Empoderamento de Jovens Empreendedores".

Bem-vindo à série de livros "Empoderamento de Jovens Empreendedores". Nunca é cedo demais para jovens ambiciosos iniciarem suas carreiras! Quer você seja um indivíduo de espírito empresarial tentando construir seu próprio império, quer seja um aspirante a empresário começando um longo e sinuoso caminho, estes livros o inspirarão com as histórias de empresários de sucesso.

Aprenda sobre suas vidas e seus fracassos e sucessos que farão você querer ter o controle de sua vida em vez de simplesmente vivê-la!

Títulos disponíveis:

1. 21 Empreendedores Bem-sucedidos: As vidas de realizadores importantes do século 20: Elon Musk, Steve Jobs e Outros
2. 21 Empreendedores Revolucionários: As vidas de empresários incríveis do século 19: Henry Ford, Thomas Edison e outros

A série de livros História Fácil.

Bem-vindo à série de livros História Fácil. Explore vários assuntos históricos desde a idade da pedra até os tempos modernos, mais as ideias e pessoas influentes que viveram ao longo dos tempos.

Estes livros são uma ótima maneira de entusiasmá-lo com a história. As pessoas são muitas vezes desligadas de livros com textos secos e chatos, mas elas adoram histórias de pessoas comuns que fizeram a diferença no mundo. Estes livros lhe dão essa oportunidade enquanto ainda lhe dão informações históricas importantes.

Títulos disponíveis:

1. Primeira Guerra Mundial: A Primeira Guerra Mundial, suas Grandes Batalhas e o Povo e as Forças Envolvidas
2. Segunda Guerra Mundial: A História da Segunda Guerra Mundial, Hitler, Mussolini, Churchill e outros personagens-chave envolvidos
3. O Holocausto: Os nazistas, a Ascensão do antissemitismo, Kristallnacht e os Campos de Concentração Auschwitz & Bergen-Belsen
4. A Revolução Francesa: O Antigo Regime, Napoleão Bonaparte, e as Guerras Revolucionária Francesa, Napoleônica e de Vendée

Nossos livros estão disponíveis em todos os principais revendedores de livros on-line. Confira os pacotes digitais de nossos livros aqui: https://payhip.com/studentPressBooksPTBR

Conclusão

Esperamos sinceramente que a leitura deste livro tenha sido uma experiência excelente e fortalecedora para você. Estamos confiantes de que a história de Marie Curie e Anne Frank se tornará uma fonte de inspiração em sua vida!

As 21 mulheres deste livro são verdadeiramente excepcionais. Todas estas mulheres enfrentaram as adversidades e as superaram com graça, dignidade, inteligência, humor, etc. Você pode não conseguir aprender com suas experiências de primeira, mas as lições que elas nos ensinam sobre perseverança devem inspirar você também a trabalhar com mais afinco para seus objetivos.

Esperamos que tenha gostado de ler estas biografias. Compartilhe nossa coleção de livros com alguém que precisa hoje de um impulso de autoconfiança ou de coragem - talvez até mesmo você?

Releia este livro para que você possa encontrar sempre novas inspirações!

Você já leu este conteúdo educacional? O que você achou? Deixe sua opinião fazendo uma bela resenha deste livro!

Nós amaríamos isso, então, não se esqueça de escrever uma!

www.ingramcontent.com/pod-product-compliance
Ingram Content Group UK Ltd.
Pitfield, Milton Keynes, MK11 3LW, UK
UKHW022013190726
13853UKWH00005B/1912

21 femmes noires exceptionnelles

L'histoire de femmes noires importantes du XXe siècle : Daisy Bates, Maya Angelou et bien d'autres (livre de biographies pour les jeunes, les adolescents et les adultes)

Par Student Press Books

Table des matières

Introduction

Rencontrez les femmes noires exceptionnelles du XXe siècle — des biographies pour les 12 ans et plus.

Bienvenue dans la série Histoire des Noirs. Ce livre vous présente des figures féminines Noires du XXe siècle. Avec 21 Femmes Noires Exceptionnelles, ce livre propose les biographies inspirantes des pionnières d'Amérique, d'Afrique et d'Europe.

Avez-vous déjà voulu lire la vie de femmes Noires qui ont su faire une différence dans notre monde ?

Ce livre s'adresse à tous ceux qui veulent en savoir plus sur ces incroyables personnalités féminines Noires. Il présente les histoires de 21 femmes Noires d'exception qui ont aidé à changer le monde et ouvert la voie aux générations futures. Nous vous présenterons des personnalités telles que Daisy Bates, Hattie McDaniel, Toni Morrison, Shonda Rhimes, et bien d'autres encore !

Ces femmes Noires ont surmonté des obstacles et accompli de grandes choses en dépit des circonstances. La meilleure partie de leurs incroyables histoires, c'est de savoir qu'elles sont vraies ! Ces femmes étaient de véritables icônes qui ont tant fait pour chacun de nous — il est temps que nous rendions hommage à ce qu'elles ont accompli, et que nous fassions durer leur héritage. N'oublions pas le chemin parcouru : aujourd'hui les jeunes femmes Noires ont devant elles plus de possibilités qu'elles n'en ont jamais eues !

Ce livre de la série Histoire des Noirs recouvre :

- Des biographies fascinantes — Découvrez des icônes célèbres, influentes et inspirantes comme Bessie Coleman, Miriam Makeba, Ellen Johnson Sirleaf, etc.
- Des portraits vivants — Redonnez vie à ces personnalités Noires grâce à des photos ou des illustrations attrayantes.

À propos de la série : La série Histoire des Noirs de Student Press Books ouvre des perspectives nouvelles sur les personnalités Noires qui inciteront les jeunes lecteurs à réfléchir à leur place dans une société de plus en plus diversifiée. Qui sera votre prochaine source d'inspiration ?

21 Femmes Noires exceptionnelles va au-delà des autres livres de biographies sur l'émancipation des Noirs en mettant en lumière des sujets et des personnes du monde entier. Il constitue également un excellent cadeau pour une fille, une sœur, une nièce ou une petite-fille.

Votre cadeau

Vous avez un livre dans les mains.

Ce n'est pas n'importe quel livre, c'est un livre de Student Press Books ! Nous écrivons sur les héros noirs, les femmes qui prennent le pouvoir, la mythologie, la philosophie, l'histoire et d'autres sujets intéressants !

Puisque vous avez acheté un livre, nous voulons que vous en ayez un autre gratuitement.

Tout ce dont vous avez besoin, c'est d'une adresse électronique et de la possibilité de vous abonner à notre newsletter (ce qui signifie que vous pouvez vous désabonner à tout moment).

Alors, qu'attendez-vous ? Inscrivez-vous dès aujourd'hui et recevez votre livre gratuit instantanément ! Tout ce que vous avez à faire est de visiter le lien ci-dessous et d'entrer votre adresse e-mail. Vous recevrez immédiatement le lien pour télécharger la version PDF du livre afin de pouvoir le lire hors ligne à tout moment.

Et ne vous inquiétez pas, il n'y a pas d'attrape ou de frais cachés, juste un bon vieux cadeau de notre part ici à Student Press Books.

Visitez ce lien dès maintenant et inscrivez-vous pour recevoir votre exemplaire gratuit de l'un de nos livres !

Lien : https://campsite.bio/studentpressbooks

Bessie Coleman (1893-1926)

Première aviatrice afro-américaine

"Si je peux créer le minimum de mes plans et de mes désirs, il n'y aura pas de regrets."

L'aviatrice américaine Bessie Coleman est devenue la première femme afro-américaine à piloter un avion. Elle s'est fait un nom en tant que vedette des premières expositions d'aviation et des spectacles aériens.

Elizabeth Coleman est peut-être née le 26 janvier 1893 (les sources ne s'accordent pas sur l'année), à Atlanta, au Texas, mais elle a grandi à Waxahatchie, au Texas. La famille de Coleman était pauvre et, alors qu'elle n'était encore qu'une enfant, Coleman aidait souvent à l'entreprise de coton de la famille. Elle a fait de brèves études à Langston, dans

l'Oklahoma, puis s'est installée à Chicago, dans l'Illinois. Là, Coleman a travaillé comme manucure et gérante de restaurant et s'est intéressée à la nouvelle profession de l'aviation.

Confrontée à la discrimination raciale, Coleman n'a pas pu entrer dans les écoles d'aviation aux États-Unis. Sans se décourager, elle apprend le français et, à 27 ans, est acceptée dans une école d'aviation au Crotoy, en France. Les philanthropes noirs Robert S. Abbott, fondateur du journal Chicago Defender, et Jesse Binga, banquier, l'aident à payer ses frais de scolarité.

Le 15 juin 1921, Bessie Coleman devient la première Américaine à obtenir une licence de pilote internationale de la Fédération Aéronautique Internationale. Lors d'une formation complémentaire en France, elle s'est spécialisée dans les cascades et le parachutisme, et ses exploits ont été filmés par les actualités de l'époque.

Bessie Coleman finit par rentrer aux États-Unis et, le 3 septembre 1922, elle entreprend le premier vol public d'une Afro-Américaine. Coleman est devenue une pilote populaire lors de spectacles aériens dans tout le pays, bien qu'elle ait refusé de se produire devant des publics ségrégués dans le Sud.

Coleman a également collecté des fonds pour fonder une école destinée à former des aviateurs noirs. Mais avant que l'école ne devienne réalité, le 30 avril 1926, à Jacksonville, en Floride, alors qu'elle se préparait pour un spectacle, l'avion dans lequel Coleman se trouvait est devenu incontrôlable, la catapultant à 600 mètres de hauteur.

Points forts

- Issue d'une famille de 13 enfants, Bessie Coleman a grandi à Waxahatchie, au Texas, où ses aptitudes en mathématiques l'ont libérée du travail dans les champs de coton.
- La discrimination contrecarre les tentatives de Coleman d'entrer dans les écoles d'aviation aux États-Unis. Sans se décourager, elle apprend le français et en 1920, elle est acceptée à l'école d'aviation des frères Caudron au Crotoy, en France.

- Lors d'une formation complémentaire en France, elle s'est spécialisée dans les cascades et le parachutisme ; ses exploits ont été filmés par les actualités.
- Elle retourne aux États-Unis, où les préjugés raciaux et sexistes l'empêchent de devenir pilote professionnel. Le vol acrobatique, ou barnstorming, est sa seule option de carrière.

Questions de recherche

---

1. Pensez-vous que des barrières existent encore aujourd'hui dans le monde, qui empêchent les gens de réussir en raison de la couleur de leur peau ou de leur sexe ?
2. N'est-ce pas incroyable et valorisant de voir une femme noire réussir de nos jours ?
3. Quelles sont vos héroïnes noires préférées dans la littérature ou la culture pop récemment ?

Daisy Bates (1914-1999)

Militant afro-américain des droits civiques

"L'homme qui ne fait jamais d'erreur reçoit toujours des ordres de celui qui en fait. Aucun homme ou femme qui tente de poursuivre un idéal à sa manière n'est sans ennemi."

Daisy Bates, journaliste américaine et militante des droits civiques, a résisté aux intimidations économiques, juridiques et physiques pour défendre l'égalité raciale, notamment dans le cadre de l'intégration des écoles publiques de Little Rock, Ark. Pour son travail avec le groupe de neuf élèves qui ont été les premiers Afro-Américains à entrer au lycée Central High School de Little Rock, elle et les élèves ont reçu la médaille Spingarn en 1958.

Daisy Lee Gatson est née le 10 novembre 1914 à Huttig, Ark. Elle a été adoptée alors qu'elle n'était qu'un bébé, après le meurtre de sa mère et la fuite de son père pour sa propre sécurité, avant que les trois hommes

blancs soupçonnés du meurtre ne soient poursuivis. Elle a fréquenté les écoles publiques ségréguées de Huttig, où elle a fait l'expérience directe des mauvaises conditions dans lesquelles les étudiants noirs étaient éduqués. En 1941, elle épouse L.C. Bates, un vendeur d'assurances et ancien journaliste, et ils s'installent ensemble à Little Rock. L'année suivante, elle rejoint son mari dans son journal hebdomadaire, l'Arkansas State Press. Le journal se concentre sur la nécessité d'améliorer la situation sociale et économique des résidents noirs de l'État et devient célèbre pour ses reportages intrépides sur les actes de brutalité de la police à l'encontre des soldats noirs d'un camp militaire voisin.

En tant que partisan public et bruyant de nombreux programmes de la National Association for the Advancement of Colored People (NAACP), Bates a été choisi en 1952 pour présider la conférence de l'État de la branche de l'organisation en Arkansas. Après que la Cour suprême des États-Unis a jugé la ségrégation inconstitutionnelle en 1954, Mme Bates a pris la tête de la protestation de la NAACP contre le plan du conseil scolaire de Little Rock visant à intégrer lentement les écoles publiques et a fait pression pour une intégration immédiate. Elle a commencé à emmener personnellement des enfants noirs dans les écoles publiques blanches, accompagnée de photographes de presse qui ont enregistré chaque cas de refus d'admission. Cette pression intense incite le conseil scolaire à annoncer son intention de commencer la déségrégation à la Central High School en septembre 1957. Bates et les neuf élèves noirs qui ont été choisis pour s'inscrire au lycée ont résisté aux tentatives d'intimidation de l'opposition blanche de Little Rock, qui comprenaient des rassemblements, des actions en justice, des menaces et des actes de violence. Les élèves noirs sont empêchés d'entrer dans l'école jusqu'à ce que finalement, le 24 septembre, le président Dwight D. Eisenhower ordonne à toutes les unités de la garde nationale de l'Arkansas et à 1 000 parachutistes de faire respecter l'intégration de l'école. Le lendemain, Bates et les élèves sont escortés en toute sécurité dans l'école. Elle a continué à défendre les élèves tout au long de leur séjour à l'école.

Les Bates ont été contraints de fermer l'Arkansas State Press en 1959 en raison de leurs efforts de déségrégation. Daisy Bates publie un livre sur ses expériences, The Long Shadow of Little Rock, en 1962. Au cours des années suivantes, elle a travaillé pour la campagne d'éducation des

électeurs du Comité national démocrate et pour les programmes de lutte contre la pauvreté du président Lyndon B. Johnson à Washington, D.C. Après avoir subi une attaque cérébrale en 1965, elle est retournée dans son État natal et, en 1968, a commencé à travailler pour un projet de revitalisation communautaire à Mitchellville, Arkansas. Elle a ressuscité l'Arkansas State Press en 1984, mais l'a vendu quelques années plus tard. Mme Bates a continué à participer à de nombreuses organisations communautaires et a reçu de nombreuses distinctions pour sa contribution à l'intégration des écoles de Little Rock. Elle est décédée le 4 novembre 1999 à Little Rock.

Points forts

- Daisy Gaston a fréquenté les écoles publiques ségréguées de Huttig, où elle a fait l'expérience directe des mauvaises conditions dans lesquelles les étudiants noirs étaient éduqués.
- Daisy Bates a publié son autobiographie, The Long Shadow of Little Rock, en 1962.
- Elle a ressuscité l'Arkansas State Press en 1984, mais l'a vendu quelques années plus tard.
- Mme Bates a continué à participer à de nombreuses organisations communautaires et a reçu de nombreuses distinctions pour sa contribution à l'intégration des écoles de Little Rock.

Questions de recherche

---

1. Quelle femme noire vous inspire le plus ? Pourquoi ?
2. Quel serait le bon endroit pour que les lecteurs puissent en savoir plus sur cette personne ?
3. Quelles sont les raisons pour lesquelles nous célébrons les femmes au cours du mois de l'histoire des Noirs ?

Miriam Makeba (1932-2008)

Chanteur sud-africain et premier Africain à recevoir un Grammy Award.

"Faites attention, pensez à l'effet de ce que vous dites. Vos paroles doivent être constructives, rapprocher les gens, et non les éloigner".

La chanteuse sud-africaine Miriam Makeba était connue sous le nom de "Mama Afrika". Miriam Makeba a été la première chanteuse africaine à recevoir un Grammy, une récompense décernée pour des réalisations exceptionnelles dans l'industrie du disque aux États-Unis. Elle était également connue pour s'être élevée contre l'apartheid et le racisme partout dans le monde.

Zenzile Miriam Makeba est née le 4 mars 1932, dans le township de Prospect, près de Johannesburg. Elle a grandi à Sophiatown, une banlieue de Johannesburg. Elle a commencé à chanter dans la chorale de l'école

lorsqu'elle était petite fille. Dans les années 1950, elle a été chanteuse pour un groupe appelé les Manhattan Brothers. Plus tard, elle a chanté avec un groupe entièrement féminin, les Skylarks.

En 1959, Makeba joue dans la comédie musicale King Kong de Todd Matshikiza. Le chanteur américain Harry Belafonte la remarque. Il aide Makeba à se rendre aux États-Unis en 1959.

En 1960, le gouvernement sud-africain ne permet pas à Makeba de retourner en Afrique du Sud. Le gouvernement a interdit les enregistrements de Makeba en 1963. Il lui a également retiré son passeport. Elle a vécu à l'étranger pendant 30 ans. Pendant cette période, elle a témoigné devant les Nations unies contre l'apartheid. Makeba a épousé le trompettiste Hugh Masekela en 1964. Ils ont rapidement divorcé mais ont continué à travailler ensemble.

Makeba a eu une carrière réussie à l'étranger. Elle était particulièrement populaire pour ses chansons isiXhosa (langue xhosa) et isiZulu (langue zouloue). Elle est devenue célèbre pour des chansons telles que "Pata Pata" (1967) et la "Click Song" (1960). En 1965, Makeba et Belafonte ont remporté un Grammy pour leur album An Evening with Belafonte/Makeba.

Avec son mari suivant, le militant des droits civiques Stokely Carmichael (plus tard Kwame Toure), Makeba a vécu pendant un certain temps en Guinée, en Afrique occidentale. Plus tard, elle a vécu en Belgique. Elle s'est produite dans de nombreux autres pays pendant son exil. En 1990, le leader noir sud-africain Nelson Mandela est libéré de prison. Mandela a demandé à Makeba de revenir en Afrique du Sud. En Afrique du Sud, elle a été reconnue comme une héroïne de la lutte contre l'apartheid.

Makeba a enregistré plus de 30 albums au cours de sa vie. Elle a reçu de nombreux prix et distinctions internationaux. Miriam Makeba est décédée le 10 novembre 2008, après avoir donné un concert en Italie.

Points forts

- À la fin des années 1950, le chant et les enregistrements de Miriam Makeba l'ont fait connaître en Afrique du Sud, et son

apparition dans le film documentaire Come Back, Africa (1959) a suscité l'intérêt de Harry Belafonte et d'autres artistes américains.

- En 1960, Mme Makeba s'est vu refuser le retour en Afrique du Sud et a vécu en exil pendant trois décennies.
- En 1990, l'activiste noir sud-africain Nelson Mandela, qui venait d'être libéré de son long emprisonnement, a encouragé Makeba à retourner en Afrique du Sud, où elle s'est produite en 1991 pour la première fois depuis son exil.
- Miriam Makeba a réalisé 30 albums originaux, en plus de 19 albums de compilation et d'apparitions sur les enregistrements de plusieurs autres musiciens.

Questions de recherche

---

1. Comment pensez-vous qu'elle était considérée comme influente ? Quelle a été sa contribution au monde ?
2. Comment sa contribution affecte-t-elle votre vie aujourd'hui ?
3. S'il y a une chose que tu pourrais lui demander, ce serait quoi ?

Marian Anderson (1897-1993)

Le premier Afro-Américain à se produire avec le Metropolitan Opera de New York.

"La peur est une maladie qui ronge la logique et rend l'homme inhumain."

La contralto américaine Marian Anderson a été une pionnière dans la lutte contre la discrimination raciale. Après s'être vu interdire de chanter dans le Constitution Hall de Washington, D.C., en raison de son origine ethnique, elle s'est produite (1939) sur les marches du Lincoln Memorial devant un public de plus de 75 000 personnes, sensibilisant ainsi le public aux préjugés existants.

Marian Anderson est la première Afro-Américaine à chanter au Metropolitan Opera de New York (1955), où elle incarne Ulrica dans une représentation de Un ballo in maschera de Guiseppe Verdi. Sa voix était cette chose rare, un véritable contralto profond.

Anderson est née le 17 février 1897 à Philadelphie, en Pennsylvanie. Elle a commencé à chanter dans une église baptiste à l'âge de six ans. En 1925, Anderson a été sélectionnée parmi 300 candidats pour se produire comme soliste avec l'Orchestre philharmonique de New York, après quoi elle a passé dix ans à étudier et à chanter en Europe.

Principalement récitaliste, Anderson n'a pas chanté d'autres rôles à l'opéra. Son répertoire comprend des oratorios, des lieder (chansons d'art allemandes), et surtout la musique de Johann Sebastian Bach, George Frideric Handel, Gustav Mahler, Jean Sibelius, et des spirituals. L'autobiographie de Marian Anderson, My Lord, What a Morning, est parue en 1956. Parmi ses nombreuses récompenses figure la médaille Spingarn de 1939. Elle est décédée le 8 avril 1993 à Portland, dans l'Oregon.

Points forts

- Dès l'enfance, Anderson fait preuve de talent vocal, mais sa famille n'a pas les moyens de lui payer une formation formelle. Dès l'âge de six ans, elle suit des cours dans la chorale de l'Union Baptist Church, où elle chante des parties écrites pour des voix de basse, alto, ténor et soprano.
- Le 7 janvier 1955, elle devient la première chanteuse afro-américaine à se produire en tant que membre du Metropolitan Opera de New York.
- En 1977, son 75e anniversaire a été marqué par un concert de gala au Carnegie Hall.
- Parmi les innombrables honneurs et récompenses qui lui ont été décernés, citons la National Medal of Arts en 1986 et le Grammy Award for Lifetime Achievement de l'industrie musicale américaine en 1991.

Questions de recherche

---

1. Qui serait votre choix pour les femmes noires les plus importantes de l'histoire ?

2. Quel conseil donneriez-vous aux jeunes filles noires qui ne savent pas encore quelle est leur place dans la société ?
3. Quelle est la citation d'une femme noire qui vous inspire le plus ?

Maya Angelou (1928-2014)

Poète, dramaturge et interprète afro-américain

" J'ai appris que les gens oublieront ce que vous avez dit, les gens oublieront ce que vous avez fait, mais les gens n'oublieront jamais ce que vous leur avez fait ressentir. "

Maya Angelou a produit plusieurs autobiographies qui explorent les thèmes de l'oppression. Elles examinent en particulier la façon dont la société traite les personnes pauvres, noires et de sexe féminin. Angelou est devenue la première femme afro-américaine à voir un long métrage adapté de l'une de ses propres histoires lorsque son scénario *Georgia, Georgia* a été produit en 1972.

Née Marguerite Johnson le 4 avril 1928 à St. Louis, dans le Missouri, Angelou a passé une grande partie de son enfance à vivre avec sa grand-mère paternelle dans la campagne de Stamps, en Arkansas. Après que le petit ami de sa mère l'ait agressée lorsqu'elle avait huit ans, elle a traversé une longue période de mutisme.

Cette première vie est au centre du premier ouvrage autobiographique d'Angelou, *I Know Why the Caged Bird Sings* (1970). Les volumes d'autobiographie suivants comprennent *Gather Together in My Name* (1974), *Singin' and Swingin' and Gettin' Merry Like Christmas* (1976), *The Heart of a Woman* (1981), *All God's Children Need Traveling Shoes* (1986), *A Song Flung Up to Heaven* (2002) et *Mom & Me & Mom (2013).*

En 1940, Angelou déménage avec sa mère à San Francisco, en Californie. À un moment donné, elle a travaillé comme danseuse, période pendant laquelle elle a pris son nom professionnel. À la fin des années 1950, Angelou s'installe à New York, New York, et est encouragée à écrire par les membres de la Harlem Writers' Guild.

À la même époque, Maya Angelou a obtenu un rôle dans une production de *Porgy and Bess* de George Gershwin, et elle est restée avec la troupe, qui a finalement fait une tournée dans 22 pays d'Europe et d'Afrique. Elle a également étudié la danse avec Martha Graham et Pearl Primus. En 1961, Angelou a joué dans *The Blacks* de Jean Genet.

La même année, un dissident sud-africain auquel Angelou a été brièvement mariée la persuade de partir au Caire, en Égypte, où elle travaille pour l'*Arab Observer*. Elle s'installe ensuite au Ghana et travaille pour *The African Review*.

En 1966, Maya Angelou retourne en Californie, où elle écrit *Black, Blues, Black*, une série télévisée en dix épisodes sur le rôle de la culture africaine dans la vie américaine. Cette série a été diffusée en 1968. Elle a également joué dans plusieurs productions télévisées, dont la mini-série *Roots* (1977), et dans des films tels que *Poetic Justice* (1993) et *How to Make an American Quilt* (1995). En 1998, Angelou a fait ses débuts de réalisatrice avec *Down in the Delta* (1998).

La poésie d'Angelou, recueillie dans des volumes tels que *Just Give Me a Cool Drink of Water 'fore I Diiie* (1971), *And Still I Rise* (1978), *Now Sheba Sings the Song* (1987) et *I Shall Not Be Moved* (1990), s'inspire largement de son histoire personnelle. Elle a également écrit un livre de méditations, *Wouldn't Take Nothing for My Journey Now* (1993), et un livre plein d'anecdotes de conseils aux femmes intitulé *Letter to My Daughter* (2008), bien que son seul enfant biologique soit un garçon.

Parmi les livres pour enfants de Maya Angelou, citons *My Painted House, My Friendly Chicken and Me* (1994) et *Life Doesn't Frighten Me* (1998). La série *Maya's World* a été publiée en 2004-2005 et présente des histoires d'enfants de diverses régions du monde.

En 1981, Maya Angelou devient professeur d'études américaines à l'université Wake Forest, à Winston-Salem, en Caroline du Nord. Elle a obtenu la médaille présidentielle de la liberté en 2011. Angelou est décédée le 28 mai 2014, à Winston-Salem.

Points forts

- La poésie de Maya Angelou, recueillie dans des volumes tels que Just Give Me a Cool Drink of Water 'fore I Diiie (1971), And Still I Rise (1978), Now Sheba Sings the Song (1987) et I Shall Not Be Moved (1990), s'inspire largement de son histoire personnelle mais utilise les points de vue de différents personnages.
- Elle a également écrit un livre de méditations, Wouldn't Take Nothing for My Journey Now (1993), ainsi que des livres pour enfants, dont My Painted House, My Friendly Chicken and Me (1994), Life Doesn't Frighten Me (1998), et la série Maya's World, publiée en 2004-2005, qui présente des histoires d'enfants de diverses régions du monde.
- Elle a célébré le 50e anniversaire des Nations unies dans le poème "A Brave and Startling Truth" (1995) et a fait l'éloge de Nelson Mandela dans le poème "His Day Is Done" (2013), qui a été commandé par le département d'État américain et publié au lendemain de la mort du dirigeant sud-africain.
- En 2011, Angelou a reçu la médaille présidentielle de la liberté.

Questions de recherche

---

1. Pensez-vous que les femmes ont eu plus de facilité ou de difficulté à trouver le succès que les hommes au cours des dernières décennies ?

2. Quelle est la chose qui fait d'une femme une "femme inspirante" ?
3. Les femmes travaillent-elles plus intelligemment pour l'avenir ? Pourquoi ou pourquoi pas ?

Ellen Johnson Sirleaf (née en 1938)

La première femme élue chef d'État en Afrique

"La taille de vos rêves doit toujours dépasser votre capacité actuelle à les réaliser. Si vos rêves ne vous font pas peur, ils ne sont pas assez grands."

Le 16 janvier 2006, Ellen Johnson Sirleaf a prêté serment en tant que présidente du Liberia. Dans son discours d'investiture, elle a promis de mettre fin à la guerre civile et à la corruption, d'établir l'unité et de reconstruire les infrastructures dévastées du pays. La victoire d'Ellen Johnson Sirleaf aux élections présidentielles de 2005 a fait de la "Dame de fer" la première femme élue chef d'État en Afrique.

Elle est née à Monrovia, au Liberia, le 29 octobre 1938, d'un héritage mixte gola et allemand. (Son père a été le premier Libérien autochtone à siéger à l'assemblée législative nationale). Elle a fait ses études au College of West Africa de Monrovia et a épousé James Sirleaf à l'âge de 17 ans (ils

ont ensuite divorcé). En 1961, Johnson Sirleaf est partie aux États-Unis pour étudier l'économie et l'administration des affaires. Après avoir obtenu une maîtrise en administration publique de l'université de Harvard en 1971, elle entre au service du gouvernement libérien.

Ellen Johnson Sirleaf a été ministre adjoint des finances (1972-1973) sous le président William R. Tolbert et ministre des finances (1980-1985) sous la dictature militaire de Samuel K. Doe. Elle s'est fait connaître pour son intégrité financière personnelle et s'est heurtée aux deux chefs d'État. Sous le régime de Doe, elle a été emprisonnée deux fois et a évité de justesse l'exécution.

Lors des élections nationales de 1985, Johnson Sirleaf a fait campagne pour un siège au Sénat tout en critiquant ouvertement le gouvernement militaire, ce qui lui a valu d'être arrêtée et condamnée à dix ans de prison. Elle a été libérée peu de temps après et a été autorisée à quitter le pays. Pendant ses 12 années d'exil au Kenya et aux États-Unis, elle est devenue une économiste influente pour la Banque mondiale, la Citibank et d'autres institutions financières internationales. De 1992 à 1997, Ellen Johnson Sirleaf a été directrice du bureau régional pour l'Afrique du Programme des Nations unies pour le développement.

Johnson Sirleaf s'est présentée aux élections présidentielles de 1997, représentant le Parti de l'Unité (UP). Elle a mis en avant son expérience financière, sa non-implication dans la guerre civile et les qualités personnelles de compassion, de sacrifice et de sagesse qu'elle avait développées en tant que mère de quatre enfants. Johnson Sirleaf a terminé deuxième derrière Charles Taylor et a été contrainte de retourner en exil lorsque son gouvernement l'a accusée de trahison.

En 1999, le Liberia a de nouveau sombré dans la guerre civile. Taylor a été persuadé de s'exiler au Nigeria en 2003, et Johnson Sirleaf est retournée au Liberia pour présider la Commission sur la bonne gouvernance, qui a supervisé les préparatifs des élections démocratiques. Lors du second tour de l'élection présidentielle, le 8 novembre 2005, elle a remporté 59,5 % des voix contre George Weah, une légende du football à la retraite, qui a refusé un poste dans son administration mais a ensuite fait une déclaration publique de soutien.

Avec plus de 15 000 soldats de la paix des Nations unies au Liberia et un taux de chômage de 80 %, la nouvelle présidente a dû relever de sérieux défis. Au cours des 100 premiers jours de son mandat, Mme Johnson Sirleaf s'est rendue au Nigéria et aux États-Unis afin d'obtenir une réduction de la dette et l'aide de la communauté internationale, elle a créé une Commission vérité et réconciliation chargée d'enquêter sur la corruption et d'apaiser les tensions ethniques, elle a licencié l'ensemble du personnel du ministère des Finances et elle a lancé un programme visant à développer l'éducation des filles. Fin 2010, la totalité de la dette du Liberia avait été effacée, et Johnson Sirleaf avait obtenu des millions de dollars d'investissements étrangers dans le pays.

Johnson Sirleaf est l'un des trois lauréats, avec Leymah Gbowee et Tawakkul Karman, du prix Nobel de la paix 2011 pour leurs efforts en faveur des droits des femmes. Plus tard en 2011, elle a été réélue à la présidence du Liberia. Les progrès économiques se sont poursuivis pendant son second mandat jusqu'à ce que le pays soit frappé par la maladie dévastatrice du virus Ebola en 2014. Cette maladie a coûté la vie à plus de 4 800 Libériens et a paralysé l'économie du pays.

Ellen Johnson Sirleaf, à qui la Constitution interdisait de briguer un troisième mandat consécutif, ne s'est pas présentée à l'élection présidentielle de 2017 au Liberia. Son colistier des deux élections précédentes, le vice-président Joseph Boakai, est devenu le candidat présidentiel de l'UP.

Après le premier tour de scrutin, cependant, Ellen Johnson Sirleaf a été accusée par l'UP d'avoir soutenu un autre candidat à la présidence : son précédent adversaire, George Weah. Elle a nié ces accusations, mais l'UP l'a exclue du parti en janvier 2018. Plus tard dans le mois, le 22 janvier, elle a démissionné de son poste de présidente. Johnson Sirleaf a été remplacée par Weah, qui avait largement battu Boakai au second tour du scrutin.

Points forts

- Avec plus de 15 000 soldats de la paix des Nations unies dans le pays et un taux de chômage de 80 %, Johnson Sirleaf a dû relever de sérieux défis.

- Fin 2010, la totalité de la dette du Liberia avait été effacée, et Johnson Sirleaf avait obtenu des millions de dollars d'investissements étrangers dans le pays.
- Bien que Johnson Sirleaf ait été réélue avec un peu plus de 90 % des voix, sa victoire a été assombrie par le retrait de Tubman et la faible participation des électeurs, qui était inférieure de moitié à celle du premier tour.
- Johnson Sirleaf était l'un des trois lauréats, avec Leymah Gbowee et Tawakkul Karmān, du prix Nobel de la paix 2011 pour leurs efforts en faveur des droits des femmes.

Questions de recherche

---

1. Choisissez une femme influente et dites-nous pourquoi elle est importante dans votre vie, et peut-être son histoire.
2. Quelles sont les autres femmes noires intellectuelles qui vous ont influencée ?
3. Connaissez-vous des livres ou des films sur des femmes noires fortes et indépendantes du 20e siècle ?

Coretta Scott King (1927-2006)

Auteur américain et leader du mouvement des droits civiques

"Peu importe la force de vos opinions. Si vous n'utilisez pas votre pouvoir pour un changement positif, vous faites, en effet, partie du problème."

Avec son mari, Martin Luther King, Jr, Coretta Scott King a été une figure centrale du mouvement des droits civiques aux États-Unis dans les années 1950 et 1960. Après l'assassinat de son mari en 1968, elle est restée à la tête du mouvement et a travaillé à la création du Martin Luther King Jr. Center for Nonviolent Social Change.

Coretta Scott est née le 27 avril 1927 à Marion, en Alabama. Ses parents possédaient une ferme dans la ville voisine de Heiberger. Pendant la

Grande Dépression des années 1930, Coretta, son frère et sa sœur ramassent le coton pour aider à subvenir aux besoins de la famille. Elle a fréquenté le lycée de Marion, où elle a chanté lors de récitals scolaires.

Coretta Scott a continué à étudier la musique tout en fréquentant l'Antioch College de Yellow Springs, dans l'Ohio. Elle obtient une licence en musique et en éducation à Antioch et, en 1951, s'inscrit comme étudiante boursière au New England Conservatory of Music à Boston, ayant décidé de poursuivre une carrière de chanteuse professionnelle.

Pendant son séjour à Boston, Coretta Scott rencontre Martin Luther King, Jr, qui est alors étudiant en théologie à l'université de Boston. Ils se marient en 1953. En 1954, après que Martin Luther King ait obtenu son diplôme, ils déménagent à Montgomery, en Alabama, où son mari a accepté le poste de pasteur de l'église baptiste de Dexter Avenue.

Dès le début de son mariage, Coretta Scott King a été un partenaire à part entière des activités de son mari en faveur des droits civiques. Elle a participé au boycott des bus de Montgomery en 1955, même si le premier enfant des King, Yolanda, était né seulement deux semaines avant le début du boycott. Malgré les exigences de l'éducation d'une famille qui a fini par compter quatre enfants, Coretta Scott King a également poursuivi ses propres projets liés au mouvement des droits civiques, notamment une série de Freedom Concerts qui ont permis de collecter des fonds pour la Southern Christian Leadership Conference.

Coretta Scott King a un emploi du temps chargé en tant que conférencière, s'adressant aux églises, aux associations universitaires et aux groupes d'activistes. Elle est déléguée à la Conférence sur le désarmement de 1962 à Genève, en Suisse, et participe aux manifestations en faveur de l'adoption de la loi sur les droits civils de 1964.

Quatre jours après l'assassinat de Martin Luther King à Memphis, le 4 avril 1968, Coretta Scott King a pris la tête d'une marche de 50 000 personnes à Memphis. Elle a ensuite pris la place de son mari lors de la marche des pauvres vers Washington. Le projet qui a occupé la majeure partie de son temps après l'assassinat de Martin Luther King a toutefois été la création du Martin Luther King Jr. Center for Nonviolent Social Change, un centre

d'archives sur le mouvement des droits civiques et un centre éducatif, ainsi qu'un mémorial en l'honneur du leader assassiné. Le centre a ouvert ses portes à Atlanta en 1968. Coretta Scott King a publié ses mémoires, My Life with Martin Luther King, Jr. en 1969.

En 1983, Coretta Scott King a été nommée présidente de la commission du jour férié Martin Luther King, Jr. et, en janvier 1986, elle a présidé la première célébration du jour férié Martin Luther King, Jr. Avec son fils Dexter, elle a publié The Martin Luther King, Jr. Companion : Quotations from the Speeches, Essays, and Books of Martin Luther King, Jr. (1998).

En août 2005, Coretta Scott King a subi une attaque cérébrale et une légère crise cardiaque. Elle est décédée le 30 janvier 2006 à Rosarito, au Mexique, où elle avait suivi un traitement de réhabilitation.

Points forts

- Après l'assassinat du mari de Coretta Scott King en 1968 et la condamnation de James Earl Ray pour ce meurtre, elle a continué à être active dans le mouvement des droits civiques.
- Elle a fondé à Atlanta le Martin Luther King, Jr, Center for Nonviolent Social Change (communément appelé le King Center), qui a été dirigé au début du 21e siècle par son fils Dexter.
- Coretta Scott King a écrit un mémoire, My Life with Martin Luther King, Jr. (1969) et a édité, avec son fils Dexter, The Martin Luther King, Jr. Companion : Quotations from the Speeches, Essays, and Books of Martin Luther King, Jr. (1998).
- En 1969, Coretta Scott King a créé un prix annuel Coretta Scott King pour honorer un auteur afro-américain d'un texte exceptionnel pour enfants, et en 1979, un prix similaire a été ajouté pour honorer un illustrateur afro-américain exceptionnel.

Questions de recherche

---

1. Combien d'enfants la famille King a-t-elle eu, quels sont leurs noms, et que font-ils aujourd'hui ?

2. Quel conseil pensez-vous qu'elle ait à donner aux femmes dans la société et la profession d'aujourd'hui ?
3. Selon vous, quelles sont les réalisations les plus remarquables de ces femmes noires ?

Hattie McDaniel (1895-1952)

La première actrice afro-américaine à remporter un Oscar

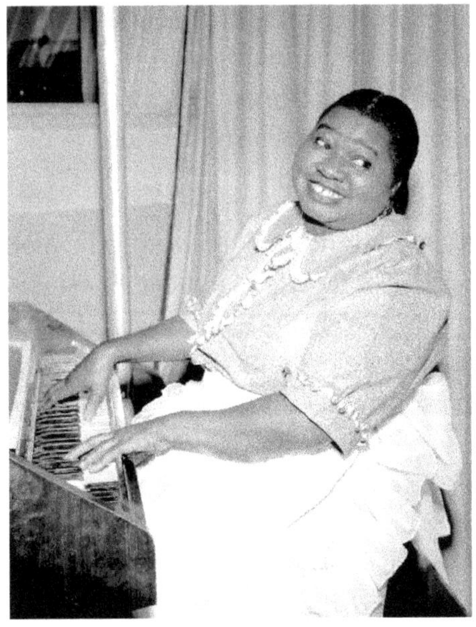

"À vous, jeunes gens qui aspirez à réussir dans quelque domaine d'activité, en dépit des difficultés que beaucoup d'entre nous ont connues, laissez-moi vous dire ceci : Il y a encore de la place au sommet."

L'actrice et chanteuse américaine Hattie McDaniel est devenue la première Afro-américaine à être récompensée par un Oscar. Elle a remporté l'Oscar de la meilleure actrice dans un second rôle en 1939 pour son rôle de Mammy dans le film Autant en emporte le vent (1939).

Hattie McDaniel est née le 10 juin 1895 à Wichita, au Kansas, mais a grandi à Denver, dans le Colorado. Elle quitte l'école en 1910 pour devenir interprète dans plusieurs groupes de ménestrels itinérants (vaudeville). Au début de la Grande Dépression, cependant, il y avait peu de travail, et

McDaniel est donc allée travailler comme préposée aux toilettes dans la boîte de nuit de Sam Pick à Milwaukee, dans le Wisconsin.

Bien que la boîte de nuit ne propose que des artistes blancs, certains clients entendent McDaniel chanter et encouragent le propriétaire à l'engager. Hattie McDaniel s'y produit pendant plus d'un an, jusqu'à son départ pour Los Angeles, en Californie. Elle y trouve un petit rôle dans une émission de radio locale, The Optimistic Do-Nuts, et devient peu après l'attraction principale de l'émission.

Hattie McDaniel fait ses débuts au cinéma en 1932, mais elle ne décroche son premier grand rôle que dans le film Judge Priest (1934) du réalisateur John Ford. Dans ce film, elle chante en duo avec l'humoriste Will Rogers. Son rôle de servante sudiste heureuse dans Le Petit Colonel (1935) fait d'elle une figure controversée dans la communauté noire libérale, qui cherche à mettre fin aux stéréotypes d'Hollywood. Lorsqu'elle était critiquée pour avoir accepté de tels rôles, Hattie McDaniel répondait qu'elle préférait jouer une domestique au cinéma plutôt que d'en être une dans la vie réelle ; au cours des années 1930, elle joua le rôle de domestique ou de cuisinière dans près de 40 films, notamment dans Autant en emporte le vent.

Pendant la Seconde Guerre mondiale (1939-1945), Hattie McDaniel organise des spectacles pour les troupes noires. Toutefois, vers la fin de la guerre, des groupes noirs libéraux, tels que la National Association for the Advancement of Colored People (NAACP), font pression sur Hollywood pour qu'elle mette fin aux rôles stéréotypés dans lesquels Hattie McDaniel s'était cantonnée.

En 1947, Hattie McDaniel est devenue la première Afro-Américaine à jouer dans une émission de radio hebdomadaire destinée au grand public, en interprétant le rôle d'une femme de chambre dans The Beulah Show. En 1951, alors qu'elle tournait une version télévisée de cette émission populaire, Hattie McDaniel a eu une crise cardiaque. Elle enregistre un certain nombre d'émissions de radio en 1952, mais meurt d'un cancer du sein le 26 octobre 1952, à Hollywood, en Californie.

Points forts

- Hattie McDaniel a quitté l'école en 1910 pour devenir une interprète dans plusieurs groupes de ménestrels itinérants et est devenue par la suite l'une des premières femmes noires à être diffusée à la radio américaine.
- Elle se produit dans un club pendant plus d'un an jusqu'à son départ pour Los Angeles, où son frère lui trouve un petit rôle dans une émission de radio locale, The Optimistic Do-Nuts ; connue sous le nom de Hi-Hat Hattie, Hattie McDaniel devient rapidement l'attraction principale de l'émission.
- Deux ans après ses débuts au cinéma en 1932, Hattie McDaniel décroche son premier grand rôle dans le film Judge Priest (1934) de John Ford, dans lequel elle a l'occasion de chanter en duo avec l'humoriste Will Rogers.
- Le rôle de Hattie McDaniel, qui incarne une heureuse servante du Sud dans Le Petit Colonel (1935), a fait d'elle une figure controversée au sein de la communauté noire libérale, qui cherchait à mettre fin aux stéréotypes d'Hollywood.

Questions de recherche

---

1. Avec quelle femme noire auriez-vous voulu parler ou recevoir des conseils ?
2. Pourquoi est-il important pour les femmes noires de former d'autres femmes fortes et indépendantes ?
3. Pensez-vous que le féminisme est un élément important que les personnes de couleur doivent conserver ou avec lequel elles doivent se sentir à l'aise à cette époque ?

Fannie Lou Hamer (1917-1977)

Militant américain des droits civiques

"Quand je me libère, je libère les autres. Si tu ne parles pas, personne ne parlera pour toi. "

La pierre tombale de Fannie Lou Hamer porte sa célèbre phrase : "Je suis malade et fatiguée d'être malade et fatiguée". La colère de Fannie Lou Hamer face à la pauvreté et au racisme dont elle et ses compatriotes afro-américains étaient victimes l'a conduite à consacrer sa vie à améliorer leur sort.

Fannie Lou Hamer est née Fannie Lou Townsend le 6 octobre 1917, dans le comté de Montgomery, dans le Mississippi. Benjamine des 20 enfants nés de parents métayers, elle a commencé à travailler dans les champs à l'âge de 6 ans et a quitté l'école en sixième année pour continuer à aider. Lorsque la famille a finalement économisé assez d'argent pour se lancer

dans l'agriculture indépendante, un voisin blanc empoisonne leurs animaux. La douleur qu'elle ressent face à cette injustice commence à éveiller son intérêt pour les droits civils.

Fannie Lou Hamer a assisté à un rassemblement organisé par le Student Nonviolent Coordinating Committee (SNCC) et la Southern Christian Leadership Conference (SCLC) en 1962 et s'est portée volontaire pour aider les Afro-Américains qui cherchaient à s'inscrire sur les listes électorales. Les exigences strictes imposées aux candidats et la menace de violence raciste décourageaient de nombreux Noirs de tenter de s'inscrire. Hamer réussit le test d'alphabétisation requis à son troisième essai mais en subit les conséquences personnelles : le propriétaire foncier l'expulse de la plantation où elle vivait et travaillait depuis les années 1940 et renvoie ensuite son mari, Perry, et leurs filles adoptives.

Lorsque des amis ont hébergé Fannie Lou Hamer, leur maison a été la cible de coups de feu. Sans se décourager, elle devient une travailleuse de terrain pour le SNCC et aide d'autres personnes à apprendre comment passer le test d'alphabétisation. Mais d'autres tragédies l'attendent. Après un atelier sur les droits civiques en Caroline du Sud, Fannie Lou Hamer et un bus rempli de personnes s'arrêtent à Winona, dans le Mississippi, pour manger.

Le terminal avait pour habitude de ne servir que des Blancs, et les futurs convives ont été arrêtés par des gendarmes de l'État. Pendant qu'ils purgeaient leur peine, des gardes blancs ont forcé deux détenus noirs à la battre avec un sac de métal, laissant Hamer avec de nombreuses blessures graves.

Fannie Lou Hamer et d'autres personnes ont fondé le Mississippi Freedom Democratic party (MFDP) en 1964, lorsque le parti ordinaire de l'État excluait les Afro-Américains. Hamer, la vice-présidente du groupe, a été son porte-parole lors de la convention nationale démocrate à Atlantic City, dans le New Jersey.

Fannie Lou Hamer déclare à la commission des pouvoirs de la convention que la délégation du Mississippi ne représente pas correctement l'État car la plupart des Noirs n'ont pas le droit de vote et demande que la délégation du MFDP, forte de 68 membres, soit assise. Le comité tente de

les apaiser en leur offrant deux sièges, mais le groupe exige le tout ou rien. Bien qu'ils soient partis sans être assis, l'acte a attiré l'attention nationale et a contribué à l'adoption de la loi sur le droit de vote de 1965.

Fannie Lou Hamer s'est présentée sans succès au Congrès des États-Unis en 1964 et au Sénat de l'État du Mississippi en 1971, mais ses tentatives ont contribué à ouvrir la voie à d'autres Afro-Américains pour obtenir des fonctions publiques.

Au niveau local, Hamer a essayé d'aider ses concitoyens du Mississippi en œuvrant pour des logements et des garderies à bas prix, en créant des coopératives commerciales à but non lucratif et en faisant pression pour la déségrégation scolaire. Ses intérêts féministes l'ont incitée à cofonder le National Women's Political Caucus en 1971 ; cependant, elle a souvent eu l'impression que les membres blancs ne comprenaient pas ses préoccupations.

Fannie Lou Hamer est décédée le 14 mars 1977 des suites de complications d'un cancer et d'autres problèmes médicaux. Hamer a été élue au National Women's Hall of Fame en 1993.

Points forts

- Fannie Lou Hamer, née Townsend, était la plus jeune de 20 enfants, Fannie Lou travaillait dans les champs avec ses parents métayers à l'âge de six ans.
- Au milieu de la pauvreté et de l'exploitation raciale, elle n'a reçu qu'une éducation de sixième année.
- Licenciée pour avoir tenté de s'inscrire sur les listes électorales (Fannie Lou Hamer a échoué à un test d'alphabétisation), elle est devenue secrétaire de terrain pour le SNCC ; Fannie Lou Hamer s'est finalement inscrite sur les listes électorales en 1963.
- En 1964, Hamer a cofondé et est devenu vice-président du Mississippi Freedom Democratic Party (MFDP), créé après les tentatives infructueuses des Afro-Américains de travailler avec le Mississippi Democratic Party, un parti entièrement blanc et favorable à la ségrégation.
- En tant que membre du Comité national démocrate du Mississippi (1968-71) et du Conseil politique du National Women's Political

Caucus (1971-77), Hamer s'est activement opposée à la guerre du Vietnam et a œuvré pour améliorer les conditions économiques du Mississippi.

Questions de recherche

---

1. Quel est votre souvenir d'enfance préféré de votre mère ?
2. Les femmes aux postes de direction : que pensez-vous de la pression en faveur de l'égalité des sexes ?
3. Trouvez-vous qu'il existe une différence de traitement entre les enseignants ou professeurs masculins et féminins dans les écoles ou les universités ?

Wangari Maathai (1940-2011)

Politicien kenyan et militant écologiste

"La génération qui détruit l'environnement n'est pas celle qui en paie le prix. C'est là le problème."

La politicienne et militante écologiste kenyane Wangari Maathai a reçu le prix Nobel de la paix en 2004 pour son "approche holistique du développement durable qui englobe la démocratie, les droits de l'homme et les droits des femmes en particulier". Maathai est devenue la première femme noire africaine à obtenir un tel honneur.

Wangari Muta Maathai est née le 1er avril 1940 à Nyeri, au Kenya. Elle a étudié aux États-Unis, où elle a obtenu une licence en biologie au Mount St. Scholastica College (aujourd'hui Benedictine College) en 1964 et une maîtrise à l'université de Pittsburgh en 1966.

En 1971, Wangari Maathai a obtenu son doctorat à l'Université de Nairobi, ayant la particularité d'être la première femme d'Afrique centrale ou orientale à obtenir un doctorat. Après avoir obtenu son diplôme, elle a commencé à enseigner au département d'anatomie vétérinaire de

l'université de Nairobi et, en 1977, elle est devenue présidente du département.

Wangari Maathai travaillait avec le Conseil national des femmes du Kenya lorsqu'elle a commencé à explorer l'idée que les villageoises pouvaient améliorer l'environnement en plantant des arbres. Son objectif était double : fournir une source de combustible aux familles et ralentir les processus de déforestation et de désertification.

En 1977, Wangari Maathai a fondé le Green Belt Movement pour poursuivre son objectif et, au début du XXIe siècle, l'organisation avait planté quelque 30 millions d'arbres.

Les membres de l'organisation ont ensuite créé le Pan African Green Belt Network en 1986, dont le but était de fournir des informations sur la conservation et l'amélioration de l'environnement aux dirigeants mondiaux. Grâce à l'activisme de l'organisation, des mouvements similaires ont été lancés en Tanzanie, en Éthiopie, au Zimbabwe et dans d'autres pays africains.

Wangari Maathai s'intéressait également aux droits de l'homme, à la prévention du sida et aux questions relatives aux femmes. Elle a souvent abordé ces questions lors des réunions de l'Assemblée générale des Nations unies.

En 2002, Wangari Maathai a été élue à l'Assemblée nationale du Kenya et, l'année suivante, elle a été nommée ministre adjointe de l'environnement, des ressources naturelles et de la faune. Elle est l'auteur de plusieurs ouvrages, dont *The Green Belt Movement : Sharing the Approach and the Experience* (1988), qui détaille l'histoire de l'organisation, et une autobiographie, *Unbowed* (2007).

Dans *The Challenge for Africa* (2009), Wangari Maathai a critiqué le leadership inefficace de l'Afrique et a incité les Africains à résoudre leurs problèmes sans l'aide de l'Occident. Wangari Maathai a également contribué à des périodiques internationaux tels que le *Los Angeles Times* et le *Guardian*. Elle est décédée le 25 septembre 2011 à Nairobi, au Kenya.

Points forts

- Le travail de Wangari Maathai a souvent été considéré comme indésirable et subversif dans son propre pays, où son franc-parler constituait un pas très loin des rôles traditionnels des hommes et des femmes.
- En 1971, Maathai a obtenu un doctorat à l'université de Nairobi, devenant ainsi la première femme d'Afrique centrale ou orientale à obtenir un doctorat.
- Alors qu'elle travaillait avec le Conseil national des femmes du Kenya, Wangari Maathai a développé l'idée que les villageoises pouvaient améliorer l'environnement en plantant des arbres pour fournir une source de combustible et ralentir les processus de déforestation et de désertification.
- Le Green Belt Movement, une organisation fondée par Wangari Maathai en 1977, avait, au début du XXIe siècle, planté quelque 30 millions d'arbres.
- Lorsque Wangari Maathai a reçu le prix Nobel en 2004, le comité a salué son "approche holistique du développement durable qui englobe la démocratie, les droits de l'homme et les droits des femmes en particulier".

Questions de recherche

---

1. Vous êtes-vous déjà rendue seule à un événement ou à une organisation centrée sur les femmes ?
2. Quelles sont les qualités requises pour qu'une femme soit considérée comme ce type de personne ?
3. Quelle femme admirez-vous le plus et pourquoi ?

Shirley Chisholm (1924-2005)

La première femme afro-américaine élue au Congrès des États-Unis

"Vous ne faites pas de progrès en restant sur la touche, en pleurnichant et en vous plaignant. On progresse en mettant les idées en pratique."

Première femme noire jamais élue au Congrès des États-Unis, Shirley Chisholm a servi son district natal de Brooklyn, New York, à la Chambre des représentants de 1969 à 1982. En 1972, Shirley Chisholm s'est présentée à l'investiture démocrate pour la présidence des États-Unis.

Shirley Chisholm est née Shirley Anita St. Hill à Brooklyn le 30 novembre 1924, mais elle a passé une grande partie de son enfance dans la ferme de sa grand-mère à la Barbade. Elle est retournée à Brooklyn lorsqu'elle avait

11 ans. Elle a obtenu un diplôme de sociologie au Brooklyn College en 1946 et une maîtrise en enseignement élémentaire à l'université Columbia en 1952. Shirley Chisholm a été mariée à Conrad Chisholm de 1949 à 1977, puis à Arthur Hardwick, Jr.

Directrice du Hamilton-Madison Child Care Center de New York de 1953 à 1959, Shirley Chisholm est devenue une autorité reconnue en matière d'éducation précoce et de protection de l'enfance. De 1959 à 1964, Shirley Chisholm est conseillère pédagogique au sein de la division des soins de jour du bureau de la protection de l'enfance de la ville de New York. Également engagée dans des activités communautaires et civiques, elle est incitée en 1964 à se présenter à l'Assemblée de l'État de New York. Première femme noire de Brooklyn à siéger à l'assemblée, Chisholm est réélue en 1965 et 1966, puis se présente au Congrès en 1968.

Le slogan de la campagne de Chisholm était "Unbought and Unbossed", qui est devenu le titre d'un livre qu'elle a publié en 1970. Shirley Chisholm est rapidement reconnue comme une championne ouverte des causes libérales liées aux droits de la femme et à son électorat afro-américain et hispanique. Shirley Chisholm est l'un des membres fondateurs du Congressional Black Caucus et du National Women's Political Caucus. Lors de sa campagne pour la nomination démocrate à la présidence, elle a obtenu 152 délégués avant de se retirer de l'élection.

Shirley Chisholm a publié un deuxième livre en 1973, The Good Fight. Après avoir rempli sept mandats, Shirley Chisholm s'est retirée du Congrès en 1982. Shirley Chisholm a été professeur au Mount Holyoke College à South Hadley, Massachusetts, de 1983 à 1987. Elle est décédée le 1er janvier 2005 à Ormond Beach, en Floride. Shirley Chisholm a reçu à titre posthume la médaille présidentielle américaine de la liberté en 2015.

Points forts

- Shirley Anita St. Hill était la fille d'immigrants ; son père était originaire de la Guyane britannique (aujourd'hui Guyana) et sa mère de la Barbade. Elle a grandi à la Barbade et dans sa ville natale de Brooklyn, New York, et a obtenu un diplôme du Brooklyn College (B.A., 1946).

- Consultante en éducation pour la division des crèches de la ville de New York, Shirley Chisholm était également active au sein de groupes communautaires et politiques, notamment la National Association for the Advancement of Colored People (NAACP) et le Unity Democratic Club de son district.
- En 1968, Chisholm est élue à la Chambre des représentants des États-Unis. Au Congrès, elle se fait rapidement connaître comme une libérale convaincue, opposée au développement des armements et à la guerre au Vietnam et favorable aux propositions de plein emploi.
- Mme Chisholm, fondatrice du National Women's Political Caucus, a soutenu l'amendement relatif à l'égalité des droits et a légalisé les avortements tout au long de sa carrière au Congrès, qui a duré de 1969 à 1983.

Questions de recherche

---

1. Quelle est la chose la plus dure qu'elle ait jamais dite ?
2. Pourquoi pensez-vous qu'il y avait si peu de femmes au Congrès américain lorsqu'elle y était au niveau national ?
3. Quel est le message qu'elle peut nous transmettre sur la façon d'aller de l'avant pour les femmes noires ?

Mary McLeod Bethune (1875-1955)

Éducateur qui a ouvert l'une des premières écoles pour les filles afro-américaines.

"Sans la foi, rien n'est possible. Avec elle, rien n'est impossible."

Mary McLeod Bethune est une pionnière de l'éducation afro-américaine aux États-Unis. Née de parents qui avaient été esclaves jusqu'à la guerre civile américaine, elle s'est élevée jusqu'à devenir présidente de sa propre université. Sous le président Franklin D. Roosevelt, elle a dirigé la division des affaires nègres de l'administration nationale de la jeunesse et a été conseillère pour les affaires des minorités.

Mary Jane McLeod est née le 10 juillet 1875 à Mayesville, S.C., premier membre de sa famille à être né libre. Enfant, elle travaillait dans les champs de coton de ses parents. Lorsqu'un missionnaire afro-américain a ouvert une petite école à Mayesville, seule une personne de la famille pouvait être libérée des champs pour y aller. L'élue, Mary, a pu poursuivre ses études au Scotia Seminary de Concord (Caroline du Nord) et au Moody Bible Institute de Chicago (Illinois).

De 1895 à 1903, Mary McLeod enseigne dans des écoles de mission pour les Afro-Américains dans le Sud. En 1898, elle épouse Albert Bethune, un enseignant. En 1904, elle loue une cabane à Daytona Beach, en Floride, et ouvre la Daytona Educational and Training School. Son fils, Albert, est le seul garçon inscrit.

En deux ans, elle avait 250 élèves. La plupart d'entre eux étaient des filles, car elle estimait que les filles des minorités étaient particulièrement handicapées par le manque de possibilités d'amélioration. L'école réussit si bien qu'en 1923, elle fusionne avec le Cookman Institute, un collège masculin voisin, et en 1929, l'école est rebaptisée Bethune-Cookman College. Ses efforts pour améliorer les relations raciales et l'éducation des minorités lui ont valu la médaille Spingarn en 1935.

Bethune a reçu de nombreux diplômes honorifiques. Elle a été membre de la direction d'organisations telles que l'Urban League, la National Association for the Advancement of Colored People et le National Council of Negro Women, qu'elle a fondé en 1935. Après avoir servi sous Roosevelt de 1936 à 1943, elle a été assistante spéciale du secrétaire à la guerre pendant la Seconde Guerre mondiale. Elle est décédée le 18 mai 1955 à Daytona Beach.

Points forts

- En 1904, Bethune s'installe sur la côte est de la Floride, où une importante population afro-américaine s'est développée à l'époque de la construction du chemin de fer Florida East Coast Railway. En octobre, à Daytona Beach, elle ouvre sa propre école, le Daytona Normal and Industrial Institute for Negro Girls.
- En 1923, l'école a fusionné avec le Cookman Institute for Men, qui se trouvait alors à Jacksonville, en Floride, pour former ce qui

était connu depuis 1929 sous le nom de Bethune-Cookman College à Daytona Beach.

- En 1935, elle a fondé le National Council of Negro Women, dont elle est restée présidente jusqu'en 1949, et elle a été vice-présidente de la National Association for the Advancement of Colored People de 1940 à 1955.
- Elle a été conseillère de Roosevelt sur les questions relatives aux minorités et a aidé le secrétaire de la guerre à sélectionner des candidats officiers pour le Women's Army Corps (WAC) des États-Unis.

Questions de recherche

---

1. Quelle est votre femme noire humoristique préférée du 20ème siècle ?
2. Pourquoi avons-nous besoin de plus de représentation dans les médias de femmes noires qui partagent leurs histoires et leur culture ?
3. Quels conseils donneriez-vous aux autres femmes (noires) pour qu'elles fassent entendre leur voix dans notre société actuelle ?
4. Quels conseils ces femmes noires fortes peuvent-elles nous donner pour vivre mieux ?

Toni Morrison (1931-2019)

Auteur afro-américain

"Se libérer était une chose, revendiquer la propriété de ce soi libéré en était une autre."

Toni Morrison a été remarquée pour son examen de l'expérience afro-américaine - en particulier l'expérience féminine - au sein de la communauté noire. Son utilisation de la fantaisie, son style poétique complexe et sa riche imbrication du mythique donnent à ses histoires une grande force et une grande texture. En 1993, Morrison a reçu le prix Nobel de littérature.

Toni Morrison est née Chloe Anthony Wofford le 18 février 1931 à Lorain, dans l'Ohio. Elle grandit dans une famille pauvre mais obtient un diplôme de l'université Howard à Washington, D.C., en 1953 et une maîtrise d'anglais de l'université Cornell à Ithaca, New York, en 1955. Après avoir été professeur d'anglais pendant plusieurs années, Toni Morrison est devenue éditrice et écrivait pendant son temps libre.

Le premier roman de Toni Morrison, *The Bluest Eye* (1970), était une critique de la vie de la classe moyenne noire et de l'intolérance humaine. Avec la publication en 1977 de *Song of Solomon*, qui est raconté par un narrateur masculin à la recherche de son identité, Morrison a reçu un accueil populaire et critique favorable. *Tar Baby* (1981), qui se déroule sur une île des Caraïbes, explore les conflits de race, de classe et de sexe. *Beloved* a remporté le prix Pulitzer de la fiction en 1988. Il est basé sur l'histoire vraie d'une esclave en fuite qui, sur le point d'être reprise, tue sa fille en bas âge pour lui épargner une vie d'esclavage.

Parmi les œuvres ultérieures de Toni Morrison, citons *A Mercy* (2008), qui traite de l'esclavage dans l'Amérique du XVIIe siècle, et *Home* (2012), qui raconte l'histoire d'un vétéran traumatisé de la guerre de Corée qui se heurte au racisme après son retour au pays et qui, plus tard, surmonte son apathie pour sauver sa sœur. *God Help the Child* (2015) examine les conséquences de la maltraitance et de la négligence envers les enfants à travers l'histoire de Bride, une fille noire à la peau foncée qui est née de parents à la peau claire.

Outre ses romans, Toni Morrison a publié un ouvrage de critique, *Playing in the Dark : Whiteness and the Literary Imagination*, en 1992. Nombre de ses essais et discours ont été rassemblés dans *What Moves at the Margin : Selected Nonfiction* (édité par Carolyn C. Denard), publié en 2008.

En outre, Toni Morrison a publié plusieurs livres pour enfants, dont *Who's Got Game? : The Ant or the Grasshopper ?* et *Who's Got Game? : The Lion or the Mouse ?* tous deux écrits avec son fils et publiés en 2003. *Remember* (2004), également destiné aux enfants, utilise des photographies d'archives pour relater les difficultés des élèves noirs pendant l'intégration du système scolaire public américain. Elle a écrit le livret de *Margaret Garner* (2005), un opéra sur la même histoire qui a inspiré *Beloved*.

En 2010, Toni Morrison a été faite officier de la Légion d'honneur française. Deux ans plus tard, elle a reçu la médaille présidentielle américaine de la liberté. *Toni Morrison : The Pieces I Am* (2019) est un documentaire sur sa vie et sa carrière. Elle est décédée le 5 août 2019, à New York.

Points forts

- Toni Morrison, de son nom d'origine Chloe Anthony Wofford, a grandi dans le Midwest américain au sein d'une famille qui aimait et appréciait énormément la culture noire. Elle a reçu le prix Nobel de littérature en 1993.
- De nombreux essais et discours de Morrison ont été rassemblés dans What Moves at the Margin : Selected Nonfiction (2008 ; édité par Carolyn C. Denard) et The Source of Self-Regard : Selected Essays, Speeches, and Meditations (2019).
- Avec son fils, Slade Morrison, elle a coécrit un certain nombre de livres pour enfants, notamment la série Who's Got Game ?, The Book About Mean People (2002) et Please, Louise (2014).
- Toni Morrison a écrit Remember (2004), qui relate les difficultés des étudiants noirs pendant l'intégration du système scolaire public américain ; destiné aux enfants, il utilise des photographies d'archives juxtaposées à des légendes spéculant sur les pensées de leurs sujets.

Questions de recherche

---

1. Le sujet du sexisme ou de la discrimination a-t-il déjà été abordé au cours de votre scolarité et, si oui, qu'avez-vous fait à ce sujet ?
2. Comment pensez-vous qu'être "fort" devrait être défini en fonction de vos croyances ou opinions personnelles sur le féminisme et l'égalité dans le monde ?
3. Quelles sont les femmes les plus inspirées, les plus influentes et les plus autonomes qui vous viennent à l'esprit à l'époque de ce livre ?

Diane Abbott (née en 1953)

La première femme noire élue au Parlement britannique

"Vous ne pouvez pas défendre l'indéfendable - tout ce que vous dites semble égoïste et hypocrite."

Diane Abbott, politicienne britannique, est la première femme d'origine africaine à être élue à la Chambre des communes.

Diane Julie Abbott est née le 27 septembre 1953 à Londres, en Angleterre. Ses parents, originaires de la Jamaïque, avaient immigré au Royaume-Uni deux ans plus tôt. Abbott étudie à l'université de Cambridge et obtient un diplôme d'histoire en 1973. Pendant plusieurs années, elle a travaillé comme fonctionnaire au Home Office, le département gouvernemental chargé de la lutte contre la criminalité, de la prévention du terrorisme et de la régulation de l'immigration. Elle a également travaillé comme journaliste de télévision et comme attachée de presse pour le Greater London Council et le Lambeth Borough Council.

Membre du parti travailliste, Mme Abbott a été élue au conseil municipal de Westminster en 1982. Cinq ans plus tard, elle a obtenu la nomination du parti travailliste pour la circonscription londonienne de Hackney North and Stoke Newington à la Chambre des communes. Elle remporte facilement le siège, devenant la première femme noire membre du Parlement (MP) du pays et, avec Bernie Grant et Paul Boateng, l'un des premiers membres de la Chambre des communes d'origine africaine.

En tant que députée, Mme Abbott s'est exprimée ouvertement sur les questions de race, de libertés civiles et de droits de l'homme. Elle s'est particulièrement distinguée en s'opposant aux efforts visant à prolonger la durée de détention sans inculpation des personnes soupçonnées de terrorisme. Son travail sur cette question a été reconnu par les organisations JUSTICE, Liberty et la Law Society, qui lui ont décerné conjointement un prix spécial des droits de l'homme en 2008. Après les élections générales britanniques de 2010, au cours desquelles le parti travailliste a perdu sa majorité, Mme Abbott s'est présentée sans succès à la tête du parti. Plus tard en 2010, elle a été nommée ministre fantôme de la santé publique du parti travailliste. (Un ministre fantôme est un membre du parti d'opposition qui sert de porte-parole à ce parti sur certaines questions et qui surveille de près les actions du ministre correspondant au sein du gouvernement exécutif).

Malgré les mauvais résultats du Labour lors des élections générales de 2015, Diane Abbott s'accroche à son siège à la Chambre des communes. Elle a ensuite occupé le poste de secrétaire d'État fictive au développement international en 2015-2016 avant de devenir secrétaire d'État fictive à la santé publique en juin 2016. Lorsque le leader travailliste Jeremy Corbyn a remanié son cabinet fantôme en octobre, Diane Abbott a été élevée au poste de secrétaire d'État fantôme à l'intérieur. Diane Abbott a été réélue à son siège à la Chambre des communes lors des élections générales de 2017.

Points forts

- Les parents de Diane Abbott, originaires de la Jamaïque, ont immigré au Royaume-Uni au début des années 1950.
- En tant que membre du parti travailliste, Diane Abbott a été attachée de presse pour le conseil du Grand Londres et le conseil

de l'arrondissement de Lambeth et a été active sur les questions de race et de libertés civiles.

- Diane Abbott est devenue la première femme noire membre du Parlement du pays et, avec Bernie Grant et Paul Boateng, l'un des premiers membres de la Chambre des communes d'origine africaine.
- S'exprimant ouvertement sur de nombreux sujets, M. Abbott a occupé une position de centre gauche au sein du parti travailliste dans les années 1990, lorsque le programme de réforme ("modernisation") de Tony Blair a abandonné de nombreuses politiques socialistes traditionnelles du parti.
- Diane Abbott a été réélue à son siège à la Chambre des communes lors des élections générales anticipées de juin 2017.

Questions de recherche

---

1. Comment cette histoire pourrait-elle toucher les enfants et les adolescents afro-américains ?
2. Y a-t-il des figures féminines noires auxquelles vous aimeriez être comparée ?
3. Quelles sont les choses qui peuvent aider à renforcer notre communauté moderne comme ces femmes noires l'ont fait pour la leur ?

Ida B. Wells-Barnett (1862-1931)

Journaliste afro-américain et défenseur des droits civiques

"Il est extrêmement difficile d'aller jusqu'au bout de mes objectifs, mais je me suis sentie responsable de montrer au monde ce à quoi les Afro-Américains sont confrontés dans cette période difficile."

Ida Bell Wells-Barnett a mené une croisade contre le lynchage aux États-Unis dans les années 1890. Le lynchage est une forme de violence dans laquelle une foule prétend administrer la justice sans procès et exécute un délinquant supposé. Wells-Barnett utilisait à la fois les journaux et les conférences pour faire passer son message. Wells était militante dans sa demande de justice pour les Afro-Américains et dans son insistance sur le fait qu'elle devait être obtenue par leurs propres efforts.

Ida Bell Wells est née le 16 juillet 1862 à Holly Springs, dans le Mississippi. Ses parents étaient des esclaves. Elle a fait ses études à la Shaw University (aujourd'hui Rust College), une école pour Noirs affranchis à Holly Springs. En 1878, ses parents sont morts lors d'une épidémie de fièvre jaune. Wells a commencé à enseigner dans une école de campagne afin de subvenir aux besoins de ses frères et sœurs. Après avoir déménagé sa famille à Memphis, Tennessee, en 1884, Wells a continué à enseigner.

Wells a également fréquenté l'université Fisk à Nashville, dans le Tennessee, pendant plusieurs sessions d'été. Cette année-là, alors qu'elle se rendait à Nashville en train, un conducteur l'a obligée à quitter un wagon réservé aux blancs. Wells a intenté un procès à la compagnie de chemin de fer et a obtenu 500 dollars. Cependant, en 1887, la Cour suprême du Tennessee a annulé la décision du tribunal de première instance.

Parallèlement à l'enseignement, Wells commence à écrire des articles de journaux sur la politique et la race dans le Sud. Elle critiquait la discrimination dont étaient victimes les Afro-Américains. Comme ses articles suscitaient la controverse et mettaient généralement les Blancs en colère, elle utilisait le nom de plume Iola. Elle finit par devenir copropriétaire du journal Memphis Free Speech and Headlight.

Wells a continué à axer ses écrits sur les injustices raciales dont elle était témoin. Ses années d'enseignement dans le système scolaire public du Sud lui ont montré que les enfants afro-américains n'étaient pas aussi bien traités que les enfants blancs. Elle a fini par écrire des articles critiquant les pratiques éducatives injustes. En conséquence, en 1891, la commission scolaire a refusé de renouveler son contrat d'enseignement.

En 1892, après qu'une foule de Memphis a lynché trois de ses amis, Wells a lancé une campagne éditoriale contre le lynchage. Elle a enquêté sur plusieurs lynchages dans la région et a rendu compte de ses découvertes. Elle conclut que les lynchages n'étaient pas réalisés pour punir des criminels, comme le prétendaient les membres de la foule, mais pour contrôler les Afro-Américains et maintenir les Blancs dans une position de supériorité sur eux.

Wells utilisait ses éditoriaux pour inciter les Afro-Américains à boycotter les commerces de Memphis et à partir vers l'Ouest. Son travail met en colère de nombreux Blancs. Alors qu'elle se rendait à New York, New York, une foule a saccagé les bureaux du Memphis Free Speech. Ils ont détruit l'imprimerie et brûlé le bâtiment. Elle reste à New York, où Wells poursuit sa croisade contre le lynchage.

Pendant son séjour à New York, Wells écrit des articles sur le lynchage pour le New York Age. Elle commence également à donner des conférences sur le sujet et à organiser des sociétés anti-lynchage. Wells se rend dans de nombreuses grandes villes américaines, notamment à Philadelphie, en Pennsylvanie, pour donner des conférences. En 1893, elle se rend en Grande-Bretagne pour diffuser son message. Le succès qu'elle y rencontre lui offre une scène mondiale sur laquelle elle peut faire connaître les méfaits du lynchage. Wells est invitée à retourner en Grande-Bretagne pour une deuxième tournée de conférences. En 1895, elle publie le pamphlet The Red Record. Il s'agit d'un examen détaillé du lynchage.

Lorsque Wells retourne aux États-Unis en 1893, elle s'installe à Chicago, dans l'Illinois. La World's Columbian Exposition s'y tenait cette année-là. Elle a protesté contre le fait que la foire excluait les Afro-Américains de l'exposition et du travail. Avec le leader des droits civiques Frederick Douglass et Ferdinand L. Barnett, un avocat, éditeur et fonctionnaire de Chicago, Wells publie le pamphlet The Reason Why the Colored American Is Not in the World's Columbian Exhibition (1893).

Elle a également commencé à contribuer au Chicago Conservator de Barnett. Barnett avait fondé ce journal en 1878. C'est le premier journal afro-américain de Chicago et seulement le deuxième de l'Illinois. D'une

longueur de quatre pages seulement, ce journal populaire abordait les questions raciales, politiques et communautaires.

En 1895, Wells épouse Barnett et adopte le nom de Wells-Barnett. Elle a acheté le Chicago Conservator à Barnett cette année-là et en a été le rédacteur en chef pendant un certain temps. Bien que le couple fonde une famille, Wells-Barnett continue à donner des conférences et à écrire sur les questions de droits civiques.

Au cours de sa carrière, Wells-Barnett a adhéré au mouvement des clubs de femmes, encourageant les femmes à rejoindre des clubs administrés et contrôlés par des femmes. Elle pensait que de telles organisations étaient un moyen pour les femmes de mieux s'instruire et d'améliorer la société par le biais du service communautaire. Wells-Barnett a ainsi aidé à organiser les femmes afro-américaines locales pour diverses causes, de la campagne contre le lynchage au mouvement pour le suffrage.

Wells-Barnett a cofondé en 1913 l'Alpha Suffrage Club de Chicago, qui a peut-être été le premier groupe de suffrage féminin noir. Après que les femmes de l'Illinois ont obtenu un droit de vote partiel, l'organisation s'est concentrée sur la mobilisation du pouvoir de vote des Afro-Américains. En 1915, le groupe a contribué à faire élire le premier conseiller municipal noir de Chicago.

De 1898 à 1902, Wells-Barnett a été secrétaire du National Afro-American Council. En 1909, elle participe à la réunion du Niagara Movement et à la fondation ultérieure de la National Association for the Advancement of Colored People (NAACP). Elle a été membre du comité exécutif de la NAACP.

Cependant, Wells-Barnett est désenchantée par les dirigeants blancs et l'élite noire, et quitte l'organisation. En 1910, elle a fondé et est devenue la première présidente de la Negro Fellowship League, qui aidait les migrants nouvellement arrivés du Sud. De 1913 à 1916, Wells-Barnett a travaillé comme agent de probation au tribunal municipal de Chicago. Elle est décédée le 25 mars 1931 à Chicago. Son autobiographie, Crusade for Justice, a été publiée à titre posthume en 1970.

Points forts

- Née en esclavage, Ida Wells a fait ses études à l'université de Rust, une école d'affranchis dans sa ville natale de Holly Springs, dans le Mississippi, et a commencé à enseigner à l'âge de 14 ans dans une école de campagne.
- En 1887, la Cour suprême du Tennessee, renversant une décision de la Cour de circuit, a statué contre Wells dans un procès qu'elle avait intenté à la Chesapeake & Ohio Railroad pour avoir été retirée de force de son siège après avoir refusé de le céder pour un autre dans un wagon "réservé aux personnes de couleur".
- Sous le nom de plume de Iola, Wells a également écrit en 1891 des articles de journaux critiquant l'éducation offerte aux enfants afro-américains.
- En 1892, après que trois de ses amis aient été lynchés par une foule, Wells a lancé une campagne éditoriale contre le lynchage qui a rapidement conduit à la mise à sac du bureau de son journal.

Questions de recherche

---

1. Quelles sont les qualités qui définissent les femmes noires influentes à vos yeux ?
2. Pourquoi pensez-vous que les femmes noires peuvent être aussi confiantes et intrépides face à l'adversité ?
3. Quel est l'un des moments les plus forts de votre vie où vous vous êtes senti sans peur ?

Shonda Rhimes (née en 1970)

Écrivain et producteur afro-américain

"Le bonheur vient du fait de vivre comme vous le devez, comme vous le voulez. Comme votre voix intérieure vous le dit. Le bonheur vient du fait d'être qui vous êtes réellement au lieu de qui vous pensez être censé être."

Shonda Rhimes est surtout connue pour avoir créé plusieurs séries télévisées populaires au début du 21e siècle. Elle a notamment créé Grey's Anatomy, qui a débuté en 2005, et Scandal, qui a été diffusée de 2012 à 2018. Avec Grey's Anatomy, elle est devenue la première femme afro-américaine à créer et à être productrice exécutive d'une série télévisée de premier plan sur un réseau de diffusion.

Shonda Lynn Rhimes est née le 13 janvier 1970 à Chicago, dans l'Illinois. Elle est diplômée du Dartmouth College dans le New Hampshire en 1991.

Elle voulait initialement écrire des romans, mais a finalement suivi des cours de cinéma à l'Université de Californie du Sud. En 1998, elle écrit et réalise le court métrage Blossoms and Veils. L'année suivante, elle a écrit le téléfilm de HBO Introducing Dorothy Dandridge. Ce film mettait en vedette Halle Berry dans le rôle de Dandridge, la première femme noire à être nommée pour un Oscar de la meilleure actrice. Rhimes a ensuite écrit un scénario pour le long métrage Crossroads (2002), avec la chanteuse pop Britney Spears. En 2004, Rhimes a écrit The Princess Diaries 2 : Royal Engagement (2004), une comédie romantique avec Anne Hathaway et Julie Andrews.

Rhimes s'est ensuite tournée vers la télévision. Sa première série était une émission sur les correspondants de guerre, mais seul l'épisode pilote a été réalisé. Sa percée a eu lieu lorsqu'elle a créé Grey's Anatomy. Cette série se concentre sur la vie professionnelle et personnelle de chirurgiens. La série a débuté en 2005 et a connu un succès immédiat. La série a été remarquée pour la diversité de ses acteurs, ses personnages féminins forts et ses relations interraciales. En 2007, Rhimes a créé Private Practice, une série dérivée de Grey's Anatomy qui a duré jusqu'en 2013. Un autre spin-off, Station 19, a été lancé en 2018. Les deux séries ont été produites par ShondaLand, la société de production que Rhimes avait créée en 2005.

En 2012, Rhimes a lancé la série télévisée Scandal. Ce drame mettait en scène Kerry Washington dans le rôle d'une fixatrice politique de Washington qui a une liaison avec le président. Avec ses intrigues au rythme effréné, la série a connu un autre succès. Il a également marqué la première fois en quelque quatre décennies qu'un drame de réseau mettait en vedette une femme afro-américaine dans le rôle principal. Scandal a pris fin en 2018. ShondaLand a également connu un succès avec le drame juridique How to Get Away with Murder, qui a débuté en 2014 et qui mettait en vedette Viola Davis. Le succès de ces séries a contribué à faire de Rhimes l'une des personnes les plus puissantes de la télévision. Parmi ses émissions ultérieures, citons The Catch (2016-17), sur une femme enquêteur. Still Star-Crossed (2017) était un drame d'inspiration shakespearienne se déroulant après la mort de Roméo et Juliette.

En 2015, Rhimes a publié un livre de développement personnel. Il s'intitulait Year of Yes : How to Dance It Out, Stand in the Sun, and Be Your Own Person.

Points forts

- Après avoir obtenu son diplôme à Dartmouth en 1991, Shonda Rhimes rêvait initialement de devenir romancière, mais elle a finalement suivi des cours de cinéma à l'université de Californie du Sud.
- En 1999, Shonda Rhimes a écrit le téléfilm de HBO Introducing Dorothy Dandridge, avec Halle Berry dans le rôle de la chanteuse et actrice qui fut la première femme noire à être nominée pour un Oscar de la meilleure actrice.
- Shonda Rhimes a ensuite écrit les scénarios des longs métrages Crossroads (2002), un véhicule pour la chanteuse pop Britney Spears, et The Princess Diaries 2 : Royal Engagement (2004), une comédie romantique avec Anne Hathaway et Julie Andrews.
- Elle a percé lorsqu'elle a créé Grey's Anatomy.

Questions de recherche

---

1. Quelle est votre série préférée, axée sur les femmes noires, à regarder à la télévision ?
2. Quelle femme noire célèbre vous a inspiré ces derniers temps, et pourquoi ?
3. À quoi ressemblait / pourrait ressembler le féminisme pour une étudiante noire en Nouvelle-Zélande par rapport à l'Amérique ?

Venus Williams (née en 1980)

Joueur de tennis afro-américain

"Vous devez croire en vous quand personne d'autre ne le fait, c'est ce qui fait de vous un gagnant".

La joueuse de tennis américaine Venus Williams se caractérise par une volonté agressive de gagner et un jeu complet. À l'âge de 17 ans, cette joueuse relativement inconnue est devenue la première Afro-Américaine à atteindre la finale du simple féminin de l'U.S. Open depuis Althea Gibson, qui avait remporté le titre en 1958. Lorsque Williams a remporté le titre en simple à Wimbledon en 2000, elle était également la première Afro-Américaine à le faire depuis la victoire de Gibson en 1958. Williams est devenue la joueuse de tennis la mieux classée au monde en 2002.

Venus Ebony Starr Williams est née le 17 juin 1980 à Lynwood, en Californie. Elle s'initie au tennis alors qu'elle n'est encore qu'un enfant, et poursuit son intérêt pour ce sport sur les courts publics de Compton, en

Californie, sa ville natale, une banlieue de Los Angeles en proie aux gangs et aux crimes violents.

Venus Williams et sa sœur Serena ont été entraînées presque exclusivement par leurs parents, dont aucun n'avait de formation de tennis formelle. En 1991, la famille a déménagé à Fort Lauderdale, en Floride, où Rick Macci, l'entraîneur professionnel qui a développé le jeu de Jennifer Capriati, a entraîné les sœurs.

Sous la direction de son père, Venus Williams a quitté la compétition junior à l'âge de 11 ans pour se concentrer sur l'école. Alors que la plupart des jeunes joueurs sont déjà bien rodés aux compétitions juniors lorsqu'ils se lancent dans les tournois professionnels, Venus Williams est entrée sur le circuit professionnel en 1994, à l'âge de 14 ans, avec relativement peu d'expérience en match play.

Les parents de Venus Williams lui ont inculqué une grande confiance en elle, qui s'est transformée en une volonté inébranlable de gagner. Joueuse d'une taille exceptionnelle, elle devait plier profondément les genoux pour retourner les coups de l'adversaire. Son service puissant a été mesuré à plus de 160 kilomètres à l'heure.

Venus Williams a entamé l'US Open 1997 en étant classée numéro 66 par la Women's Tennis Association (WTA). Williams est la première femme non tête de série à atteindre la finale d'un tournoi de l'US Open en simple depuis le début de l'ère ouverte en 1968 et la première femme à atteindre la finale d'un tournoi de l'US Open à ses débuts depuis Pam Shriver qui a atteint la finale en 1978 à l'âge de 16 ans. Elle s'est inclinée en finale face à Martina Hingis, 16 ans et première tête de série, mais le classement WTA de Williams s'est amélioré pour atteindre le numéro 27.

En mars 1998, Venus Williams a remporté son premier titre professionnel en simple au IGA Tennis Classic. Plus tard dans le mois, elle a battu Hingis, classée première, en demi-finale, puis Anna Kournikova en finale pour remporter le Lipton Championship, doté de 1,9 million de dollars, devenant ainsi la première femme née aux États-Unis à remporter le tournoi depuis Chris Evert en 1986. Après la victoire de Venus Williams, elle était classée numéro 10.

Après l'entrée de Serena dans le circuit professionnel, les carrières des sœurs en simple les ont souvent opposées l'une à l'autre. Bien que Serena ait été la première des deux sœurs à remporter un titre de Grand Chelem en simple, à l'US Open 1999, Venus a suivi avec une victoire à Wimbledon en 2000. Elle a battu Serena en demi-finale et Lindsay Davenport en finale, toutes deux en deux sets. À l'US Open de cette année-là, Venus triomphe de Hingis, classée première, puis de Davenport, classée deuxième, pour remporter le titre. Elle a remporté ses deuxièmes championnats de Wimbledon et de l'U.S. Open en 2001.

Venus Williams a terminé les saisons 2000 et 2001 à la troisième place du classement mondial. En février 2002, elle est devenue la dixième femme à occuper la première place. Plus tard dans l'année, Serena l'a battue en finale de Roland-Garros, de Wimbledon et de l'US Open, et l'a dépassée au classement mondial.

Venus Williams a de nouveau remporté Wimbledon en 2005, 2007 et 2008. En 2017, elle atteint la finale de l'Open d'Australie, où elle s'incline en deux sets consécutifs face à Serena. À 36 ans, Venus est la finaliste la plus âgée de l'Open d'Australie en simple de l'ère ouverte.

Les sœurs Williams ont également disputé des tournois de double ensemble, remportant des titres aux quatre tournois du Grand Chelem : l'US Open (1999 et 2009), l'Open de France (1999 et 2010), Wimbledon (2000, 2002, 2008, 2009 et 2012) et l'Open d'Australie (2001, 2003, 2009 et 2010). Aux Jeux olympiques de 2000 à Sydney, en Australie, les sœurs ont remporté la médaille d'or en double, et Venus l'or en simple. Les sœurs ont également remporté la médaille d'or en double aux Jeux olympiques de 2008 à Pékin, en Chine, et aux Jeux olympiques de 2012 à Londres, en Angleterre.

Points forts

- Comme sa sœur Serena, Venus a été initiée au tennis sur les courts publics de Los Angeles par son père, qui a très tôt reconnu son talent et supervisé son développement.
- Venus Williams est passée professionnelle en 1994 et a rapidement attiré l'attention par la puissance de ses services et de ses frappes au sol.

- En 2000, Williams a remporté Wimbledon et l'U.S. Open, et elle a défendu ses titres avec succès en 2001.
- Aux Jeux olympiques de 2000 à Sydney, elle a remporté la médaille d'or dans la compétition en simple et a remporté une médaille d'or avec sa sœur dans l'épreuve en double.
- En 2008, Venus Williams a battu Serena pour obtenir le cinquième titre de Wimbledon de sa carrière, ce qui la place au cinquième rang de tous les temps dans les championnats féminins de Wimbledon en simple.

Questions de recherche

---

1. Quel est le moment le plus humiliant de votre vie ?
2. Que représentent ces femmes pour vous et votre identité ?
3. Quelle est la chose la plus cool que tu saches sur ces femmes et que peu de gens connaissent ?
4. Y a-t-il un moment où vous vous êtes sentie semblable à ce qu'une femme noire influente a pu ressentir au cours de sa vie, que ce soit historiquement ou actuellement dans votre propre vie ?

Phylicia Rashad (née en 1948)

La première actrice afro-américaine à remporter le Tony Award de la meilleure actrice.

"Il y a toujours quelque chose qui suggère que vous ne serez jamais celui que vous vouliez être. Votre choix est de l'accepter ou de continuer à avancer."

Phylicia Rashad a remporté cet honneur en 2004 pour sa performance dans la pièce A Raisin in the Sun. Phylicia Rashad était auparavant devenue célèbre pour son travail dans la série télévisée The Cosby Show (1984-1992).

Elle est née Phylicia Ayers Allen le 19 juin 1948 à Houston, au Texas. Phylicia Allen est la deuxième des quatre enfants de Vivian Ayers Allen,

poète nominée au prix Pulitzer, et d'Andrew Arthur Allen, dentiste. Son frère aîné, Andrew Arthur ("Tex") Allen Jr, est devenu musicien de jazz, et sa sœur, Debbie Allen, était danseuse, actrice, productrice et réalisatrice de télévision.

Phylicia Allen est diplômée de l'Université Howard, à Washington, D.C., en 1970, avec un B.F.A. en théâtre. Peu après, elle a trouvé du travail avec la Negro Ensemble Company à New York. Elle fait sa première apparition à Broadway en 1972. Elle a tenu des rôles mineurs dans les comédies musicales à succès The Wiz (1975) et Dreamgirls (1981) avant de passer à la télévision.

En 1982, Allen décroche un rôle régulier dans la série télévisée One Life to Live. Deux ans plus tard, le comédien Bill Cosby la choisit pour le rôle de sa femme, l'avocate Clair Huxtable, dans la comédie de situation The Cosby Show. Après avoir épousé le présentateur sportif Ahmad Rashad en 1985, elle a commencé à utiliser son nom de famille à titre professionnel (le couple a divorcé en 2001). Son rôle de Clair - gracieuse mais sûre d'elle, digne mais dévouée - est devenu déterminant pour Phylicia Rashad et lui a valu deux nominations aux Emmy Awards. Phylicia Rashad a également joué le rôle de la femme de Cosby dans la série Cosby (1996-2000).

Dans les années 1990 et au début des années 2000, Phylicia Rashad est revenue à la scène tout en continuant à travailler régulièrement à la télévision. Elle a été acclamée par la critique pour son interprétation de Tante Ester dans Gem of the Ocean (2003) d'August Wilson, dans des productions à Los Angeles et à Broadway. En 2004, Rashad a joué le rôle de Lena Younger, la matriarche d'une famille afro-américaine en difficulté dans le Chicago des années 1950, dans A Raisin in the Sun de Lorraine Hansberry. Pour cette interprétation, elle a remporté, outre le Tony Award de la meilleure actrice, le Drama Desk Award 2004.

Phylicia Rashad a ensuite joué dans une adaptation télévisée (2008) de la pièce. En 2007, Phylicia Rashad a fait ses débuts de réalisatrice à la tête de la production de Gem of the Ocean du Seattle Repertory Theatre. L'année suivante, elle entre à nouveau dans l'histoire de Broadway avec la première distribution entièrement noire de Cat on a Hot Tin Roof de Tennessee Williams. Avec son coéquipier James Earl Jones, Phylicia

Rashad est la vedette de la production et joue le rôle de Big Mama. En 2009, Phylicia Rashad a interprété une matriarche toxicomane dans la production de Broadway d'August : Osage County de Tracy Letts.

Phylicia Rashad a occasionnellement joué dans des films. En 2010, elle a joué dans la comédie romantique Just Wright et dans le conte sur la maladie mentale Frankie & Alice. Cette année-là, elle a également joué dans le drame collectif For Colored Girls, l'adaptation cinématographique par Tyler Perry de la pièce de théâtre For Colored Girls Who Have Considered Suicide/When the Rainbow Is Enuf (1975) de Ntozake Shange.

Phylicia Rashad est ensuite apparue dans le drame romantique Good Deeds (2012) de Perry et dans une adaptation téléfilm (2012) de la pièce Steel Magnolias. Comme Cat on a Hot Tin Roof, cette dernière œuvre mettait en scène un casting majoritairement noir, contrairement à ses productions scéniques et cinématographiques originales.

En 2013, Phylicia Rashad est revenue à la télévision en série avec Do No Harm. Dans cette série, elle jouait le patron d'un chirurgien atteint d'un trouble de la personnalité de type Jekyll-et-Hyde. Elle a interprété la veuve de l'ami (et ancien adversaire) du boxeur Rocky Balboa, Apollo Creed, dans la suite du film Rocky Creed (2015).

Points forts

- Son rôle de Clair - gracieuse mais sûre d'elle, digne mais dévouée - est devenu déterminant pour Phylicia Rashad et lui a valu deux nominations aux Emmy Awards.
- Dans les années 1990 et au début des années 2000, elle revient sur scène tout en continuant à travailler régulièrement à la télévision.
- Son interprétation de la tante Ester, personnage semi-mythique, dans Gem of the Ocean (2003) d'August Wilson, dans des productions à Los Angeles et à Broadway, lui a valu des éloges enthousiastes.
- Phylicia Rashad a ensuite tenu des rôles récurrents dans Empire et This Is Us ; son travail dans cette dernière série lui a valu deux nominations aux Emmy Awards.

Questions de recherche

1. D'après vous, qui sera la prochaine grande révélation dans le monde de la musique et de la télévision, une femme et un membre d'une minorité ?
2. Que pensez-vous personnellement des femmes noires et des autres personnes de couleur qui ont dû se battre toute leur vie contre la discrimination ?
3. Quelle est votre opinion sur les femmes noires qui sont fortes et indépendantes ?

Zora Neale Hurston (1891-1960)

Écrivain, folkloriste et anthropologue afro-américain

"Si tu ne dis rien de ta douleur, ils te tueront et diront que tu as aimé ça."

Zora Neale Hurston a célébré la culture afro-américaine du Sud rural. Elle a écrit plusieurs romans ainsi que des livres sur la mythologie, les légendes et le folklore noirs.

Zora Neale Hurston est née le 7 janvier 1891 à Notasulga, en Alabama. Bien qu'elle ait déclaré être née en 1901 à Eatonville, en Floride, elle n'a déménagé avec sa famille à Eatonville que lorsqu'elle était petite. À l'âge de 16 ans, elle a rejoint une troupe de théâtre itinérante et s'est retrouvée à New York pendant la Renaissance de Harlem.

Zora Neale Hurston a fréquenté l'université Howard de 1921 à 1924 et a obtenu en 1925 une bourse d'études au Barnard College, où elle a étudié l'anthropologie sous la direction de Franz Boas. Elle obtient son diplôme de Barnard en 1928 et poursuit pendant deux ans des études supérieures en anthropologie à l'université Columbia. Hurston a également mené des études de terrain sur le folklore des Afro-Américains dans le Sud. L'un des résultats de ces études est le livre Mules and Men (1935), un recueil de folklore présenté dans le cadre d'un récit unifié.

Les origines de Zora Neale Hurston se reflètent également dans ses romans, dont la plupart incorporent des éléments de folklore à un degré ou à un autre. Après avoir étudié en Haïti et en Jamaïque en 1936, elle a écrit Their Eyes Were Watching God (1937), qui a été largement considéré comme son meilleur roman. Il raconte l'histoire de la croissance d'une jeune femme noire vers la conscience de soi et l'indépendance. Les autres romans de Hurston sont Jonah's Gourd Vine (1934), l'histoire d'un prédicateur noir, l'allégorie de Moses, Man of the Mountain (1939) et Seraph on the Suwanee (1948).

Pendant plusieurs années, Zora Neale Hurston a fait partie du corps enseignant du North Carolina College for Negroes (aujourd'hui North Carolina Central University) à Durham. Elle a également fait partie du personnel de la Bibliothèque du Congrès. Son autobiographie, Dust Tracks on a Road (1942), est très appréciée. Malgré ses débuts prometteurs, le grand public ne se souvient guère d'elle à sa mort, mais son œuvre a connu un regain d'intérêt à la fin du XXe siècle.

Plusieurs autres recueils ont été publiés à titre posthume, notamment Spunk : The Selected Stories (1985), The Complete Stories (1995) et Every Tongue Got to Confess (2001), un recueil de contes populaires du Sud. En 1995, la Library of America a publié un ensemble de deux volumes de son œuvre dans sa collection. Zora Neale Hurston est morte le 28 janvier 1960 à Fort Pierce, en Floride.

Points forts

- En 1930, Zora Neale Hurston a collaboré avec Hughes sur une pièce intitulée Mule Bone : A Comedy of Negro Life in Three Acts (publiée à titre posthume en 1991).

- Pendant plusieurs années, Zora Neale Hurston a fait partie du corps enseignant du North Carolina College for Negroes (aujourd'hui North Carolina Central University) à Durham.
- Malgré les promesses initiales de Zora Neale Hurston, à sa mort, le grand public ne se souvenait guère d'elle, mais son œuvre a connu un regain d'intérêt à la fin du XXe siècle.
- Outre Mule Bone, plusieurs autres recueils ont également été publiés à titre posthume, notamment Spunk : The Selected Stories (1985), The Complete Stories (1995) et Every Tongue Got to Confess (2001), un recueil de contes populaires du Sud.

Questions de recherche

---

1. Quelle est votre héroïne féministe noire préférée et pourquoi l'aimez-vous ?
2. Qui était votre héroïne quand vous étiez enfant, dans la vie réelle ou à la télévision/au cinéma ?
3. Comment le monde serait-il différent s'il était dirigé par des femmes (noires) au lieu de la société actuelle ?

Mahalia Jackson (1911-1972)

Chanteur de gospel afro-américain

"La foi et la prière sont les vitamines de l'âme ;
l'homme ne peut vivre en bonne santé sans elles."

Avec sa voix puissante et mélancolique, la chanteuse de gospel afro-américaine Mahalia Jackson a interprété des hymnes et des spirituals avec une intensité et une richesse qui l'ont rendue célèbre dans le monde entier. Bien que Jackson aurait pu devenir une chanteuse de blues à succès, elle a décidé très tôt de consacrer son talent à la musique à contenu religieux et son énergie à aider les gens à vivre en paix et en harmonie.

Mahalia Jackson est née le 26 octobre 1911 à la Nouvelle-Orléans, en Louisiane, de Johnny Jackson, docker, prédicateur et barbier, et de sa

femme, Charity, blanchisseuse et femme de chambre. Famille très pauvre, les Jackson sont aussi extrêmement religieux. La mère de Mahalia, qui est décédée quand elle avait cinq ans, était une fervente baptiste et Mahalia chantait régulièrement des hymnes dans la chorale de l'église.

Ayant grandi à la Nouvelle-Orléans, Mahalia Jackson a également été influencée par les divers sons et rythmes des rues, ainsi que par les chansons de la légendaire chanteuse de blues Bessie Smith. Alors que le style blues était populaire auprès des Noirs du Sud, la famille de Mahalia rejetait les chansons blues comme étant décadentes et la décourageait de les chanter.

À 16 ans, Mahalia Jackson est partie vivre chez un parent à Chicago, où elle espérait faire une école d'infirmières. N'ayant qu'une éducation de huitième année, Mahalia Jackson se retrouve rapidement à gagner de l'argent en faisant des travaux domestiques. Après avoir rejoint une église baptiste locale, Mahalia Jackson auditionne pour la chorale et est immédiatement invitée à devenir soliste.

La rumeur de son talent se répand et bientôt Mahalia Jackson se produit dans d'autres églises et à des funérailles dans toute la région de Chicago. Lorsque le grand-père de Jackson a une attaque et tombe dans le coma, elle lui promet que s'il se rétablit, elle ne chantera jamais de chansons qu'il désapprouverait. Il se rétablit et elle tient son serment, bien qu'on lui propose plus tard de grosses sommes d'argent pour interpréter du blues dans des boîtes de nuit.

À partir de la fin des années 1930, Mahalia Jackson a passé cinq ans à parcourir le pays avec le célèbre compositeur Thomas A. Dorsey. Ils visitaient des églises et des tentes gospel, où Jackson chantait des hymnes traditionnels. Ayant gagné très peu d'argent au cours de ses années de tournée, Jackson est retournée à Chicago et a ouvert un salon de beauté et un magasin de fleurs.

Un jour, Mahalia Jackson répétait dans un studio d'enregistrement en 1946 lorsqu'un représentant de la maison de disques Decca l'a entendue chanter et lui a demandé de faire un enregistrement. "Move on up a Little Higher" (1946) est devenu son premier succès. Le single est finalement

devenu disque de platine et l'a propulsée sous le feu des projecteurs nationaux.

Soudainement célèbre, Mahalia Jackson a acheté une voiture assez grande pour y dormir afin d'avoir un endroit où passer la nuit lorsqu'elle se produisait dans des zones de ségrégation où les motels refusaient les chambres aux Noirs. Elle emportait également sa propre nourriture afin de ne pas avoir à fréquenter les restaurants ségrégationnistes.

Le chant remarquable de Mahalia Jackson finit par attirer le public blanc. Sa popularité s'est étendue au niveau national et international. L'un de ses concerts les plus célèbres a eu lieu en Israël, où elle s'est produite devant un public composé de chrétiens, de juifs et de musulmans.

Mahalia Jackson a consacré une grande partie de son temps et de son énergie au mouvement des droits civiques dans les années 1950 et 1960. Elle a participé au boycott des bus de Montgomery qui a suivi le refus de Rosa Parks de céder son siège de bus à une personne blanche. Mahalia Jackson a chanté la vieille chanson inspirée "I Been 'Buked and I Been Scorned" devant plus de 200 000 personnes lors de la marche de 1963 sur Washington, juste avant le célèbre discours "I Have a Dream" de Martin Luther King.

Mahalia Jackson est décédée d'une insuffisance cardiaque le 27 janvier 1972 et a été pleurée par ses fans dans le monde entier. Sa seule ambition non réalisée était de construire une église non sectaire et non confessionnelle à Chicago. Elle a été intronisée au Rock and Roll Hall of Fame dans la catégorie "Early Influences" en 1997.

Points forts

- Mahalia Jackson s'est fait connaître du grand public dans les années 1930, lorsqu'elle a participé à une tournée gospel à travers le pays en chantant des chansons telles que "He's Got the Whole World in His Hands" et "I Can Put My Trust in Jesus".
- Mahalia Jackson a chanté à la radio et à la télévision et, à partir de 1950, s'est produite devant un public débordant lors de concerts annuels au Carnegie Hall de New York.

- Huit des disques de Jackson se sont vendus à plus d'un million d'exemplaires chacun.
- Dans les années 1950 et 1960, Mahalia Jackson a été active dans le mouvement des droits civiques.

Questions de recherche

---

1. Si je pouvais choisir un super pouvoir ou un talent, quel serait-il et pourquoi ?
2. Avez-vous des peurs ou des insécurités qui vous empêchent d'être pleinement vous-même et de prendre en charge votre avenir ?
3. Comment gérer le racisme tout en équilibrant le désir de changement rapide ?

Rita Dove (née en 1952)

Le premier poète afro-américain à occuper le poste de poète officiel des États-Unis.

"La poésie est le langage dans sa forme la plus distillée et la plus puissante."

L'écrivain et professeur afro-américain Rita Dove a été poète officiel des États-Unis de 1993 à 1995. Dans sa poésie, elle aborde les dimensions sociales et politiques plus larges de l'expérience afro-américaine, principalement de manière indirecte.

Rita Frances Dove est née le 28 août 1952 à Akron, dans l'Ohio. Au lycée, elle a été classée parmi les 100 meilleurs élèves du pays en 1970, et Dove a été nommée Presidential Scholar. Elle a obtenu son diplôme avec les plus hautes distinctions de l'Université de Miami de l'Ohio en 1973 et a ensuite étudié à l'Université de Tübingen en Allemagne en tant que boursière Fulbright.

Rita Dove a étudié l'écriture créative à l'Université de l'Iowa, où elle a obtenu une maîtrise en beaux-arts en 1977, et a publié le premier de plusieurs petits livres de sa poésie. De 1981 à 1989, Dove a enseigné à l'Arizona State University, avant de quitter ce poste pour enseigner à l'University of Virginia.

Dans ses recueils de poèmes, dont The Yellow House on the Corner (1980) et Museum (1983), ainsi que dans un volume de nouvelles intitulé Fifth Sunday (1985), Rita Dove a concentré son attention sur les particularités de la vie familiale et des luttes personnelles. Thomas and Beulah (1986), lauréat du prix Pulitzer, est un cycle de poèmes relatant la vie des grands-parents maternels de l'auteur, nés dans le Sud profond au début du siècle.

Les ouvrages suivants comprennent les recueils de poésie The Other Side of the House (1988), Grace Notes (1989), Selected Poems (1993), Mother Love (1995), On the Bus with Rosa Parks (1999), et le roman Through the Ivory Gate (1992).

En 1993, Rita Dove est devenue la plus jeune personne et la première Afro-américaine à être nommée poète officiel des États-Unis par la Bibliothèque du Congrès. La pièce de théâtre de Dove, The Darker Face of the Earth (publiée en 1994), a été produite pour la première fois en 1996.

Points forts

- Rita Dove a étudié la création littéraire à l'université de l'Iowa (M.F.A., 1977) et a publié le premier de plusieurs recueils de poèmes en 1977.
- Dans ses recueils de poèmes, dont The Yellow House on the Corner (1980) et Museum (1983), ainsi que dans un volume de nouvelles intitulé Fifth Sunday (1985), Dove s'est concentrée sur les particularités de la vie familiale et de la lutte personnelle, abordant les dimensions sociales et politiques plus larges de l'expérience noire principalement de manière indirecte.
- En 1993, Rita Dove a été nommée poète officiel des États-Unis par la Bibliothèque du Congrès, devenant ainsi la plus jeune personne et la première Afro-Américaine à occuper ce poste.
- En 2018, Dove a été nommé rédacteur en chef de la section poésie du New York Times Magazine.

Questions de recherche

1. Quel est votre livre préféré écrit par une femme noire ?
2. Quel personnage (féminin) noir célèbre, influent et intrépide admirez-vous le plus ?
3. Comment le fait d'avoir un modèle noir comme elle aurait changé la trajectoire de votre vie ?

Votre cadeau

Vous avez un livre dans les mains.

Ce n'est pas n'importe quel livre, c'est un livre de Student Press Books ! Nous écrivons sur les héros noirs, les femmes qui prennent le pouvoir, la mythologie, la philosophie, l'histoire et d'autres sujets intéressants !

Puisque vous avez acheté un livre, nous voulons que vous en ayez un autre gratuitement.

Tout ce dont vous avez besoin, c'est d'une adresse électronique et de la possibilité de vous abonner à notre newsletter (ce qui signifie que vous pouvez vous désabonner à tout moment).

Alors, qu'attendez-vous ? Inscrivez-vous dès aujourd'hui et recevez votre livre gratuit instantanément ! Tout ce que vous avez à faire est de visiter le lien ci-dessous et d'entrer votre adresse e-mail. Vous recevrez immédiatement le lien pour télécharger la version PDF du livre afin de pouvoir le lire hors ligne à tout moment.

Et ne vous inquiétez pas, il n'y a pas d'attrape ou de frais cachés, juste un bon vieux cadeau de notre part ici à Student Press Books.

Visitez ce lien dès maintenant et inscrivez-vous pour recevoir votre exemplaire gratuit de l'un de nos livres !

Lien : https://campsite.bio/studentpressbooks

Livres

Nos livres sont disponibles chez tous les principaux détaillants de livres en ligne. Découvrez les packs numériques (bundle) de nos livres ici : https://payhip.com/studentPressBooksFR

La série de livres sur l'Histoire des Noirs.

Bienvenue dans la série de livres sur l'Histoire des Noirs. Découvrez des personnalités Noires exemplaires grâce à ces biographies inspirantes de pionniers d'Amérique, d'Afrique et d'Europe. Nous savons tous que l'Histoire des Noirs est importante, mais il peut être difficile de trouver de bonnes ressources.

Beaucoup d'entre nous connaissent personnages principaux de la culture populaire et des livres d'Histoire, mais nos livres présentent également des héros et héroïnes Noirs moins connus du monde entier, mais dont les histoires méritent d'être racontées. Ces livres de biographies vous aideront à mieux comprendre comment les souffrances et les actions de ces personnes ont façonné leurs pays respectifs et leurs communautés, pour les générations à venir.

Titres disponibles :

1. 21 personnalités noires inspirantes : La vie de personnages historiques du XXe siècle : Martin Luther King Jr., Malcom X, Bob Marley et autres
2. 21 femmes noires exceptionnelles : L'histoire de femmes noires importantes du XXe siècle : Daisy Bates, Maya Angelou et bien d'autres

La série de livres Émancipation des femmes.

Bienvenue dans la série de livres Émancipation des femmes. Découvrez des figures féminines courageuses des temps modernes grâce à ces biographies inspirantes de pionnières du monde entier. L'émancipation des femmes est un sujet important qui mérite plus d'attention qu'il n'en reçoit. Pendant des siècles, on a dit aux femmes que leur place était à la

maison, mais cela n'a jamais été vrai pour toutes les femmes, ni même pour la plupart d'entre elles.

Les femmes sont encore sous-représentées dans les livres d'histoire, et celles qui s'y font une place doivent généralement se contenter de quelques pages. Pourtant, l'Histoire regorge de récits de femmes fortes, intelligentes et indépendantes qui ont surmonté des obstacles et changé le cours des choses simplement parce qu'elles voulaient vivre leur propre vie.

Ces livres biographiques vous inspireront tout en vous donnant de précieuses leçons sur la persévérance et le dépassement face à l'adversité ! Apprenez de ces exemples que tout est possible si vous y mettez du vôtre !

Titres disponibles :

1. 21 Femmes d'exception : La vie de combattantes pour la liberté qui ont repoussé les frontières : Angela Davis, Marie Curie, Jane Goodall et bien d'autres
2. 21 femmes inspirantes : la vie de femmes courageuses et influentes du XXe siècle : Kamala Harris, Mère Teresa et bien d'autres
3. 21 femmes extraordinaires : Les vies exemplaires des femmes artistes et créatrices du XXe siècle : Madonna, Yayoi Kusama et bien d'autres
4. 21 femmes de génie : Les vies déterminantes de femmes scientifiques pionnières au XXe siècle

La série de livres Les dirigeants du monde.

Bienvenue dans la série de livres sur les dirigeants du monde. Découvrez des personnages royaux et présidentiels, emblématiques du Royaume-Uni, des États-Unis et d'autres pays. Grâce à ces biographies inspirantes de membres de la famille royale, de présidents et de chefs d'État, vous apprendrez à connaître les personnes courageuses qui ont osé prendre le pouvoir, avec notamment leurs citations, leurs photos et des faits rares.

Les gens sont fascinés par l'histoire et la politique et par ceux qui les ont écrites. Ces livres offrent des perspectives nouvelles sur la vie de personnalités remarquables. Cette série est parfaite pour tous ceux qui veulent en savoir plus sur les grands dirigeants de notre monde ; les jeunes lecteurs ambitieux et les adultes qui aiment se documenter sur des personnages importants.

Titres disponibles :

1. Les 11 familles royales britanniques : La biographie de la famille de la Maison Windsor : La Reine Elizabeth II et le Prince Philip, Harry et Meghan et bien d'autres
2. Les 46 présidents des États-Unis : Leur histoire, leur réussite et leur héritage : de George Washington à Joe Biden
3. Les 46 présidents des États-Unis : Leur histoire, leur réussite et leur héritage — Édition augmentée : de George Washington à Joe Biden

La série de livres Une mythologie passionnante.

Bienvenue dans la série de livres Une mythologie passionnante. Découvrez les dieux et déesses d'Égypte et de Grèce, les divinités nordiques et d'autres créatures mythologiques.

Qui sont ces anciens dieux et déesses ? Que savons-nous d'eux ? Qui étaient-ils vraiment ? Pourquoi les gens les vénéraient-ils dans les temps anciens, et d'où venaient-ils ?

Ces livres offrent des perspectives nouvelles sur les dieux anciens, qui inviteront les lecteurs à réfléchir à leur place dans la société et à s'intéresser plus encore à l'Histoire. Ces livres sur la mythologie abordent également des sujets qui l'ont influencée, tels que la religion, la littérature et l'art, dans un format attrayant avec des photos ou des illustrations accrocheuses.

Titres disponibles :

1. L'Égypte ancienne : Un guide des mystérieux dieux et déesses de l'Égypte ancienne : Amon-Râ, Osiris, Anubis, Horus et bien d'autres
2. La Grèce antique : Un guide des dieux, déesses, divinités, titans et héros de la Grèce classique : Zeus, Poséidon, Apollon et plus encore
3. Anciens contes nordiques : Découvrez les dieux, déesses et géants de la mythologie des Vikings : Odin, Loki, Thor, Freya et plus encore

La série de livres Les grandes théories expliquées.

Bienvenue dans la série de livres **Les grandes théories expliquées**. Découvrez la philosophie, les idées des anciens philosophes et d'autres théories intéressantes. Ces livres réunissent les biographies et les idées des philosophes les plus célèbres de régions telles que la Grèce et la Chine antiques.

La philosophie est un sujet complexe, et de nombreuses personnes ont du mal à en comprendre ne serait ce que les bases. Ces livres sont conçus pour vous aider à en savoir plus sur la philosophie, ils sont uniques en raison de leur approche simple. Il n'a jamais été aussi facile et amusant d'acquérir une meilleure compréhension de la philosophie qu'avec ces livres. En outre, chaque livre comprend des questions afin que vous puissiez approfondir vos propres pensées et opinions !

Titres disponibles :

1. Philosophie grecque : La vie et les idées des philosophes de la Grèce antique : Socrate, Platon, Pythagore et bien d'autres
2. Éthique et morale : Philosophie morale, bioéthique, défis médicaux et autres idées éthiques

La série de livres Inspiration des futurs entrepreneurs.

Bienvenue dans la série de livres **Inspiration des futurs entrepreneurs**. Il n'est jamais trop tôt pour que les jeunes ambitieux commencent leur carrière ! Que vous ayez l'esprit d'entreprise et que vous cherchiez à bâtir votre propre empire, ou que vous soyez un entrepreneur en herbe qui commence à emprunter une route longue et ardue, ces livres vous inspireront grâce aux histoires d'hommes d'affaires qui ont réussi.

Découvrez leurs vies, leurs échecs et leurs réussites qui vous donneront envie de prendre le contrôle de votre existence au lieu de simplement la regarder passer !

Titres disponibles :

1. 21 entrepreneurs à succès : La vie des grands fondateurs du XXe siècle : Elon Musk, Steve Jobs et bien d'autres
2. 21 entrepreneurs révolutionnaires : Les vies incroyables des hommes d'affaires du XIXe siècle : Henry Ford, Thomas Edison et bien d'autres

La série de livres L'Histoire facile.

Bienvenue dans la série de livres L'Histoire facile. Explorez divers sujets historiques, de l'âge de pierre jusqu'à l'époque moderne, ainsi que les idées et les personnages marquants qui ont traversé les âges.

Ces livres sont un excellent moyen d'éveiller votre intérêt pour l'histoire. Les manuels scolaires, secs et ennuyeux, rebutent souvent les lecteurs, car ils aiment les histoires de gens ordinaires qui ont changé le monde. Ces livres vous donnent l'opportunité de les découvrir tout en vous fournissant les informations historiques importantes.

Titres disponibles :

1. La Première Guerre mondiale : La Première Guerre mondiale, ses grandes batailles, les personnages et les forces en présence
2. La Deuxième Guerre mondiale : L'Histoire de la Seconde Guerre mondiale, Hitler, Mussolini, Churchill et autres personnages clés

3. L'Holocauste : Les Nazis, la montée de l'antisémitisme, la Nuit de Cristal et les camps de concentration d'Auschwitz et de Bergen-Belsen.
4. La Révolution française : L'Ancien Régime, Napoléon Bonaparte, la Révolution française, les guerres napoléoniennes et de Vendée

Nos livres sont disponibles chez tous les principaux détaillants de livres en ligne. Découvrez les packs numériques (bundle) de nos livres ici : https://payhip.com/studentPressBooksFR

Conclusion

Nous espérons que vous avez aimé découvrir les vies inspirantes de ces 21 exceptionnelles femmes Noires du XXe siècle. De Bessie Coleman à Miriam Makeba, elles sont une source d'inspiration, et nous espérons que vous avez appris quelque chose de nouveau !

Vous avez lu comment ces icônes féminines ont surmonté l'adversité grâce à l'éducation et au travail acharné, tout en ayant un impact considérable sur leur vie. L'une de ces personnalités Noires vous a-t-elle inspiré ?

Les 21 histoires fascinantes de ce livre ne se concentrent pas seulement à la réussite de ces femmes Noires, elles évoquent aussi leur vie. Nombre d'entre elles ont dû faire face à l'adversité sur la voie de l'accomplissement et de la contribution à la société. Elles ont dû mener des combats difficiles, mais le jeu en valait la chandelle au regard de ce qu'elles ont accompli !

J'espère que vous avez appris beaucoup de choses dans ce livre. Relisez-le un jour !

Avez-vous aimé cette lecture éducative ? Qu'en avez-vous pensé ? Faites-le-nous savoir avec un beau commentaire sur ce livre !

Nous en serions ravis, alors n'oubliez pas d'en laisser un !

www.ingramcontent.com/pod-product-compliance
Ingram Content Group UK Ltd.
Pitfield, Milton Keynes, MK11 3LW, UK
UKHW022013190726
13853UKWH00005B/1909

www.ingramcontent.com/pod-product-compliance
Ingram Content Group UK Ltd.
Pitfield, Milton Keynes, MK11 3LW, UK
UKHW021931190726
13853UKWH00002B/983

Paris-Imp. PAUL DUPONT, 41, rue Jean-Jacques-Rousseau.